U0008332

Rich致富 *344*

直擊本質的思考力

菁英如何突破盲點、抓住問題根源、做出精準決策,解決所有難題

艾菲——著

 高寶書版集團

推薦語

李治中

（筆名菠蘿）著名科普作家、深圳拾玉兒童公益基金會聯合創始人

　　無論做一份什麼樣的工作，思考能力都是必不可少的。思考能力往往會影響一個人的其他能力，也很有可能會決定一個人的人生高度。艾菲這本書系統性地講了四種非常好的思考方法，從理論到真實案例再到具體操作方法，很有啟發性，推薦給大家。

陳劍敏

美國艾默生電氣集團愛適易公司亞太區總經理

　　一本值得擁有的好書，用大量詳實的案例，深入淺出地向讀者詮釋了如何用哲學思維來看清事物的本質，更新你的底層思考系統，讓你突破自我！

黃曉凌

上海別樣紅資訊技術有限公司創始人兼 CEO

　　無論對工作還是生活，這都是一本非常值得一讀的書。書的上半部是對「本質思考」到底是什麼、為什麼以及怎麼做的抽絲剝繭般的思考，下半部則跳脫出來，看向框架之外，讓我看到了很多打破常規的思考方式與真實案例，很有啟發性！

張輝

《人生護城河》作者、「輝哥奇譚」主創

　　資訊越廉價，思考越珍貴。傳言越洗版，本質越難得。加油，艾菲！

單國洪

武田製藥大中華區總裁

　　是時候升級我們的思考力了，艾菲直擊本質，帶你開啟思考之旅。正如有人說下棋的高手「看棋盤的方式已經跟我們不一樣了」，一起努力吧，相信「沒有人的努力是錯誤的」！

陳波
前復星文化產業集團董事總經理

如果留意那些創業成功的案例，你會發現它們的一個共同點，即除了天時、地利、人和，創始人的深度思考力至關重要。創始人的思考越是接近本質，創業項目就越是容易獲得成功。同樣，對大部分普通人而言，深度思考的能力也是必不可少，而且正在變得越來越重要，這就是我推薦艾菲這本書的重要原因。

崔歡喜
先聲診斷常務副總裁

艾菲是我多年的好友，她是一個既入世精進又出世超然的人。近兩年，通過其自媒體「艾菲的理想」，我對她有了更深的了解，她的文章也引導著我對很多問題進行了深入的思考並受益良多。人生貴且短，最大的遺憾莫過於在低層次上實現思維閉環，導致工作的低效率和生活的諸多困擾。艾菲的《直擊本質的思考力》正是一本能幫我們解決這些問題的書，它由繁入簡、從現象到本質，既深入又開闊，相信它能讓你的工作、生活、人生變得更加從容。

王浩平

小站教育創始人兼 CEO

　　初識艾菲源於《高手都是長期主義者》這篇文章，內容大道至簡，卻直擊人的內心。創辦小站教育九年以來，我深感對於創業者來說最核心的能力就是找到人和事的底層邏輯。《直擊本質的思考力》這本書剛好從底層作業系統來解剖現象背後的本質，並通過鮮活的案例來解析看似深奧的理論，建議每一位創業者和職場人士都潛心閱讀，定能獲益匪淺，實現個人認知的躍遷！

邱浩

上海來店資訊技術有限公司創始人兼 CEO

　　我們不妨先做一個假設基準，用你人生的某個階段來對應一個 App，這個階段的核心目標來對應 App 的核心功能，而實現這個目標的思維方式來對應這個 App 的核心演算法。那麼，我要推薦閱讀《直擊本質的思考力》這本書，因為它會讓你的人生演算法得到升級。建議你每隔 1 ～ 2 年重讀一遍。我相信每讀一次，你的演算法都會再次反覆運算升級！

　　艾菲是我多年好友，也是一位深度思考者。這本書，將會成為我公司新員工培訓的兩本必讀書目之一，另一本必讀

書是《與成功有約：高效能人士的七個習慣》。

李磊
星巴克中國副總裁

　　我們總是在努力、在忙碌，卻常常事倍功半而不得其解，倉皇地迷失於無限的執著與僵固之中；我們往往認為只要不斷努力並持續忙碌便能終有所成，卻忽略了成功本源自我們對事物本質的洞察和把握。突如其來的事物往往並非意外，而可能存在已久卻未被發現，或讓人一直迷離於幻象。原因就在於我們的視線被局限在眼前的範圍之內從而無法探究其來源和因由。人生中的變化和人們因變化而產生的行為都有跡可循。唯打破幻象，直擊本質，方能去偽存真、事半功倍。艾菲的《直擊本質的思考力》以鮮明犀利的思想和生動的語言，為我們揭示了認識事物並把握其本質的方法與過程，非常值得一讀。

目　錄
CONTENTS

上部／本質思考
看透本質，自然會有不一樣的人生

第一章　直擊本質：看透三個本質，可抵十年奮鬥

目 錄
CONTENTS

目　錄
CONTENTS

下部／思維破局
洞察轉機，做掌握命運的少數人

目　錄
CONTENTS

目　錄
CONTENTS

推薦序

思考的深度與思考的疆域

認識艾菲，是十幾年前的事了。

那時，她正在讀研究所，業餘時間參加了 JA（Junior Achievement，青年成就者協會），那時的我還是微軟的一名經理，用每週末的時間在 JA 做志工，專門為在校大學生講授「CareerGo」（職業發展）課程。

艾菲讓我印象最深刻的是，她總是準備了很多問題，等著向我們這些老師提問。那時，每次下課後，我都會步行到學校門口搭車。這時，艾菲就會像小尾巴似的跟過來，以「送我到門口」為由，在將我送到門口的過程中提出各式各樣的問題。

有一次，她問了我一個哲學家穆勒思考的問題：「是做

一個痛苦的蘇格拉底好，還是做一隻快樂的豬更好？」

　　這個問題讓我印象深刻。從這個問題中，我感覺到她內心激烈衝突著的矛盾，以及對解決矛盾方法的不懈思考與追尋。

　　後來，微軟有同事要找實習生，我就向他們推薦了艾菲。

　　推薦的關鍵原因就是，我一直認為，思考是一個人最為重要的素質與能力，而艾菲恰恰是一個非常熱愛思考的人。

　　在我看來，三流的人是不學習的人，二流的人是只學知識的人，而一流的人則是那些學習「思考方法」的人。

　　為什麼這樣說呢？

　　「不學習」的危害顯而易見，一天不學、一個月不學可能還看不出區別，但如果一年不學、兩年不學，人與人之間的差別可就大了。這樣經年累月下去，遇到中年危機、人生危機自然都是遲早的事。

　　而那些只學知識的人呢？按理說，他們很厲害，徜徉在知識的海洋中，不斷地學習新的知識。然而，這些人往往存在另一個問題，那就是不注重理解知識背後的東西。因此，他們也就很難將知識靈活運用，也很難舉一反三、融會貫通。

　　而那些學習「思考方法」的人呢？雖然知識的學習對他們來說依然必不可少，但他們已經進入了更高一層的學習，

那就是探索知識背後、方法背後的東西，也就是思考的方法。

而這，正是艾菲這本書的核心內容——思考的方法。

我們處於一個知識大爆炸的時代，現在的知識隨處可見、觸手可及。然而，假如回歸本質，我們就會發現，這些知識的源頭還是來自前人先輩孜孜不倦的思考。因為思考，我們才有了各式各樣的知識，並用它們創造出不同的知識體系。所以，歸根究柢來說，思考的確是這一切的原動力。

一旦有了不懈的、直擊本質的思考，我們的成長就會沒有邊界。

這樣的人，可以不斷地大量吸收新知識，不斷地去學習別人的邏輯框架，然後不斷發展延伸。他們的邏輯層次也能在接受海量新知識的浸入後，不斷反覆運算、不斷復盤、不斷調整結構。

而使這一切發生的重要基石之一就是思考的能力，也就是艾菲這本書的論述重點。

就像我一直說的，只有洞察本質，才能擁有開外掛的人生。

如果能擁有這種思考能力，就算你現在的知識儲備不夠，擁有的知識結構不完善，你的潛力也是非常巨大的。

在艾菲這本書裡，她首先談到了一個問題，即「本質到

底是什麼」。我覺得這個問題非常好，因為如果要談「本質思考」的方法，就應該先談談「本質」是什麼，應該先談談當我們去做「本質思考」時思考的到底是什麼。然後她又層層推進、抽絲剝繭，從「是什麼」談到「為什麼」，最後用一整章內容講了「怎麼做」。相信看完前兩章的朋友，一定能對「本質思考」有一些更新、更深刻、更全面的認識。

在這本書的下半部，她寫的「遷移思考」也很有意思，這種思考方式查理・蒙格用過，數學家波利亞用過，但是他們都沒寫出它的具體思考路徑；艾菲卻在這裡寫了，她不僅給出了非常具體的思考路徑，還記錄了不少有關她自己的真實案例，很有啟發性。

接下來，她更澈底地跳到了框架之外，思考的範疇似乎也更廣闊了，從商業、管理領域，來到了與人生相關的宏大議題。這一部分非常有趣，很有衝擊力，發人深省。

艾菲這本書讓我看到了思考的深度以及思考的疆域，我覺得這是一本必須推薦給更多人看的書，遂欣然作序，希望它能幫到更多需要幫助的人。

劉潤

自　序

只有思考思考的方法，
才能收穫指數級成長的人生

　　我是「80 後」，我父輩那一代是「50 後」。那時，只要學會一項技能，他們就可以在公司裡工作一輩子。然而，現在我們處在一個完全不同的時代──VUCA（易變性、不確定性、複雜性和模糊性）時代。在這個時代裡，我們經歷了從互聯網到移動互聯網，從傳統零售到新零售，從 CMO（Chief Marketing Officer，行銷長）到 CGO（Chief Growth Officer，發展總監）的種種變遷。過去的標準答案都消失了，也許很多職業都將在 AI 來臨時消失。

　　在這個時代裡，什麼是最重要的？顯然已經不是知識了，也不是別人幫你總結好的各種方法論，而是產生這一切的原

動力。那麼，到底什麼才是產生這一切的原動力呢？在回答這個問題之前，我想先跟大家分享兩個故事。

第一個故事是關於美團網創始人兼 CEO 王興的。

當年在「百團大戰」中，帶著美團贏得最終勝利的王興正是一個非常熱愛思考且善於思考的人。他總是花很多時間思考問題，而且思考得非常深入。比如，2012 年，王興就提出了團購的「三高三低」理論，從此與美團最初的模仿對象 Groupon 背道而馳。也正是基於王興長時間的深度思考，他對團購的理解才超越了其他競爭對手，從而使美團網與其他團購網站產生了根本上的區別，並獲得了最終的勝利。騰訊共同創始人兼 CTO（Chief Technology Officer，技術長）張志東曾說，王興對團購本質的理解，超越了騰訊，也超越了 Groupon。產品營運專家梁寧也曾說過，王興最強的能力就是他的思考能力。

王興不僅自己熱愛思考，而且在員工遇到問題時，他還會引導員工去思考，而不是直截了當的給出答案。他提供的是思考的方法，這樣員工就能基於思考的方法去得出自己的答案。顯然，直截了當的給出答案是最簡單方便的方式，但王興卻希望每個人在做決策的時候，不僅能思考決策本身，還能找到正確的思考之道。

　　這種思考「思考的方法」也是不少著名學者的學習之道。藉由思考「思考的方法」，他們掌握的是一種思維方式，而不僅僅是學習一般性的知識。他們很快就站在了巨人的肩上，從而獲得了指數級的成長。

　　第二個故事是關於張無忌的。張無忌是金庸武俠小說《倚天屠龍記》中的主角，今天要說的就是他學習乾坤大挪移時的情節。

　　乾坤大挪移是一種頂級的武功，也是明教鎮教之寶。此武功共有七層境界，它的難練程度是出了名的，就連寫這本武功祕笈的人也只練到了第六層。而明教前任教主陽頂天則在練到第四層後便因走火入魔而死。

　　正如這本武功祕笈開篇所說：若要練就本功第一層，悟性高者需七年，悟性低者需十四年。然而，張無忌在學習乾坤大挪移第一層武功的時候，只用了片刻工夫。而練就其餘五層，他也不過用了幾個時辰。此間差距得有多大啊！

　　那麼，這究竟是怎麼發生的呢？其實，最關鍵的原因是張無忌在學習乾坤大挪移之前，早已學會了九陽神功。而九陽神功是一種很強的內功心法，是學習天下一切武功，尤其是外家武功的「底層作業系統」。

　　金庸先生不但是武俠小說作者中難以超越的高峰，他還

是一名能洞悉事物本質的哲人。所以，這段情節頗具深意：當一個人擁有深厚內功的時候，學習像乾坤大挪移這種武功或其他外家招式就會變得非常容易。所以，決定一個人武功高下的最關鍵因素，不是招式，也不是劍法，而是內功修為。

這兩個故事究竟為我們帶來了怎樣的啟發呢？這個啟示就是：想要獲得既穩定又高效的自我成長，我們不僅要學習各種知識和方法論（即武功招式），更要學習思考的方法，以提升思考的能力（即內功修為）。

這就是開篇問題的答案——思考能力才是這一切的原動力。思考能力像是武林人士的內功修為，決定著學習與掌握其他一切外家武功和招式的速度與可能。它也像是一臺電腦的底層作業系統，決定著電腦的運算速度以及問題處理速度。同時，它還像是我們政府一直在做的基礎設施建設，沒有良好的基礎設施，不論你開的是藍寶堅尼還是瑪莎拉蒂，在坑坑窪窪的道路上都是注定開不快的。

不僅如此，思考能力的高低還是決定人與人之間差距的關鍵原因之一。日本著名管理學家、經濟評論家大前研一指出：

新經濟是呈倍數增長的……新時代是一個會因思考力的差異而造成巨大差距的時代。換句話說，新時代是個「思考

力差距化」的時代。

比別人多花兩倍時間思考的人，可以擁有比別人多十倍的收入。比別人多花三倍時間思考的人，就可能比別人多賺百倍的利潤。以此類推，比別人多花十倍時間思考的人，當然就有可能成為一家市值總額一兆日元的企業創辦者。這已經是現在的新世界法則了。

基於以上原因，我決定寫這本關於思考方法的書，以助你全面提升思考力，重塑底層作業系統；而這種重塑意味著你將實現顛覆式成長與指數級躍升，尤其是在學習、閱讀，以及解釋問題、解決問題、預測問題等方面。

現在，我們來看看這本書講了哪些思考方法。實際上，這本書一共講了四種非常重要的思考方法，分別是本質思考、遷移思考、升維思考和逆向思考。

什麼是本質思考？被稱為「資訊理論之父」的天才人物夏農說：「你越能觸及問題的本質，得到真知灼見的效率就越高。」大家所熟知的經典電影《教父》中則有一句經典臺詞：「花半秒鐘就看透事物本質的人，和花一輩子都看不清事物本質的人，注定是截然不同的命運。」為什麼有人能在半秒鐘看透事物的本質，有人卻一輩子也看不清事物的本質？這背後隱藏著的究竟是種怎樣的思考力？其實，答案就是本

質思考力。

在本書的上半部分，我將抽絲剝繭地闡述本質思考的三個關鍵問題——What（什麼是本質）、Why（為什麼這就是本質）、How（怎樣成為一個半秒鐘看透事物本質的人）。在讀完上半部分後，你就會對本質思考的方法瞭若指掌，並能將它運用在實際的工作和生活中。

在本書的下半部分，我將介紹遷移思考、升維思考和逆向思考。

關於遷移思考，查理·蒙格說過一句耐人尋味的話：「一個人只要掌握 80 到 90 個思維模型，就能夠解決 90％的問題，而這些模型裡面非常重要的只有幾個。」然而，人生如此複雜，世事變幻萬千，80 到 90 個模型怎麼可能解決 90％的問題呢？這就是查理·蒙格這句話背後隱藏著的深意：想要順利解決 90％的問題，你不僅需要掌握 80 到 90 個思維模型，還得學會對它們進行遷移運用，而這就是遷移思考。

接下來，我會講到升維思考。在學會並運用了本質思考後，我們的人生中依然存在著一些無解之題。比如，一個人的自我太強的話，就可能會有很強的嫉妒心，從而帶來各式各樣的痛苦與折磨。怎麼辦？這時，我們就需要提升思考問題的高度，學會升維思考。

　　在第四章，我提供了六種升維思考的方法，分別是層級思考法、時間軸思考法、視角思考法、第三選擇思考法、無邊界思考法和塑造者思考法。對於每一種方法，我都會用理論、真實案例以及我自己的親身體驗，幫你破解人生中的各種謎題，讓你不再卡在人生的縫隙中，不再進退維谷，讓你看清自己的價值觀、願景，更新自己的世界觀與人生觀，在短時間內獲得人生的頂級智慧與思考力，讓你的人生從此發生巨大轉變。

　　在第五章，我會介紹逆向思考。雖然人人都知道逆向思考，但實際上只有少數人真正在使用這種方法。所以在這裡，我精心準備了五個可以拿來套用的正向—逆向思考模型，它們分別是成功—失敗模型、變化—不變模型、加法—減法模型、幸福—痛苦模型、組合—反向模型。這些非常好用的思考模型將幫你不斷突破正向思維的禁錮，拓展思維的廣度，發現另一個既陌生又熟悉的世界。

　　以上就是本書的內容框架。希望這本從不同思維角度出發的書，能極大地拓展你思維的深度、廣度和高度，幫你打好思考能力的基底，練就渾厚的內功，做好基礎設施建設，澈底更新底層作業系統。這樣，在未來無論是學「武當劍法」還是「七傷拳譜」，相信你都會游刃有餘、事半功倍。

最後，我想說說這本書的寫作原則。在本書寫作之初，我就訂了一個寫書的原則，那就是，我不是要寫一本書，而是要寫一本真正的好書，一本對得起自己、對得起每位讀者的書，一本就算用了十年還依然有價值的書。

然而，究竟什麼才是真正的好書？什麼才是能對得起自己和讀者的書？什麼才是就算用了十年還依然有價值的書？這個問題讓我思考了許久，直到有一天，我找到了三個關鍵標準。

第一，提出的思考方法要有確切的理論依據。我發現，現在有的文章和書缺乏必要的理論依據，所以只能藉由舉例（不少還是編造的例子）來進行論證，這就像用一根稻草支撐一座搖搖欲墜的房子，這種論證缺乏最起碼的說服力，至少說服不了我。

第二，提出的思考方法要有真實案例的支撐。僅有理論依據而沒有真實有效的案例，這會讓內容顯得晦澀難懂，同時也無法讓讀者有效理解、思考與運用，這會在相當程度上令這本書失去意義，因為它將無法幫到更多需要它的人。本書中的所有理論都有案例支撐，而且每個案例都是真實案例。這些案例有的來自其他書，有的來自我自己、我的朋友以及我的諮詢者。

　　第三，提出的思考方法要經過我的親身實踐，並驗證有效。如果我自己都不曾實踐、驗證過，我就會對這個方法抱持一定的懷疑。我會覺得這個方法缺乏說服力，也很難付諸真正的實際應用。相反地，如果我先進行了親身實踐、驗證，就能進一步確認這些方法的有效性與可操作性。

　　此外，為了能帶給讀者更大的價值，我還為自己訂了一個額外目標──書中案例所涉及的領域和學科要盡可能廣一點，這樣能幫讀者跳出自己的既有框架，擴大知識面，拓展思考範圍。所以，書中的案例內容橫跨以下領域：商業、企業管理、經濟學、投資、哲學、心理學、教練技術、藝術、物理學等。

　　雖然我在這本書上傾注了很多心血，但畢竟我的能力和水準有限，疏漏之處在所難免。這時，我只好用亞里斯多德的話來安慰一下自己了：「一方面，沒有人能完全地達到真理；另一方面，沒有人的努力是錯誤的。」

　　同時，我也想再次表達我的寫作初衷：是什麼曾經拯救過你，你最好就試著用它來拯救這個世界。

　　謝謝你的信任，希望這本書能確確實實地幫到你，讓你的底層作業系統煥然一新。

上部

本質思考

看透本質，自然會有不一樣的人生

《教父》中說：「花半秒鐘就看透事物本質的人，和花一輩子都看不清事物本質的人，注定是截然不同的命運。」為什麼有人能在半秒鐘看透事物的本質，而有人一輩子也看不清事物的本質？這背後隱藏著的，正是本質思考的能力。

那麼，到底什麼是本質？我們究竟要透過現象看到什麼？似乎還從未有人將它抽絲剝繭地說明白過。其實，這是本質思考首先要解決的問題。

第一章

直擊本質

看透三個本質，可抵十年奮鬥

著名商業顧問、《5分鐘商學院》的作者劉潤在他的《新零售》一書中寫道：「新零售的**本質**是效率更高的零售。」

熟悉孔子的人都知道，孔子之所以被尊為至聖先師，是因為他有一種修身、齊家、治國、平天下的「天下觀」。可是孔子為什麼會有「天下觀」呢？哲學家王東嶽說，孔子之所以有「天下觀」，**本質**上是因為中國很早就是大一統的國家了。

著名經濟學家吳敬璉發表影音演講，敦促大家要更深入地研究基本問題。他說，中國企業界和政治界的改革人士，雖然在推動改革和發展上做了很多貢獻，但也有一個突出的缺點：「對千變萬化的形勢跟得比較緊，對背後的基本問題研究得不夠深入。」而這種淺嘗輒止帶來的問題是：「對於**本質**性的問題缺乏深入研究，那麼解決問題的辦法往往是就事論事。」

在這三段話中，「本質」一詞反覆出現，然而，它們代表的涵義相同嗎？

顯然並不相同。

第一段話中的「本質」說的是：新零售的根本屬性是什

麼？換句話說，這裡的「本質」一詞回答的是「什麼是這個事物的根本屬性」這一問題。

第二段話中的「本質」說的是：導致「孔子具有天下觀」的根源是什麼？換句話說，這裡的「本質」一詞回答的是「這件事發生的根源是什麼」，也就是「為什麼」這一問題。

第三段話中的「本質」說的是：要去思考千變萬化的形勢背後到底都有哪些基本的、不變的東西。因此，這裡的「本質」一詞回答的是「這個現象和問題背後的底層邏輯是什麼」這一問題。

可見，同樣都是「本質」，代表的涵義卻並不相同。

一個是在說事物的根本屬性，一個是在說問題發生的根源，還有一個是在說現象背後的底層邏輯。但若仔細想想，這三者又有相通之處：不論是事物的根本屬性、問題的根源，還是現象背後的底層邏輯，其實都是對萬事萬物的「根本性」進行的探索與追尋，是對它為何存在的深度思考。

那麼，到底什麼才是「本質」？半秒看透本質，看到的到底是什麼？

其實，所謂本質，說的正是這三件事：事物的根本屬性、問題的根源，和現象背後的底層邏輯。

　　基於以上分析，我為本質思考力下了一個定義：本質思考力，就是透過繁雜的現象，看清事物的根本屬性，看透問題根源，看懂現象背後底層邏輯的思考能力。

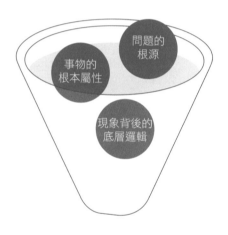

圖 1-1　本質思考的三件事

　　顯然，這是一種人人都想擁有的能力。然而，究竟要如何擁有這種能力呢？

　　這就需要三個步驟：從 What（是什麼）到 Why（為什麼）再到 How（怎麼辦）。

　　接下來，在第一章中，我會先來說說 What（是什麼）和 Why（為什麼）的問題，也就是「本質思考的三件事具體是指什麼」以及「為什麼是這三件事，而非其他」這兩個問題。

然後，我會在第二章中說說 How（怎麼辦）的問題，也就是「如何擁有本質思考的能力，半秒看透本質」這個問題。

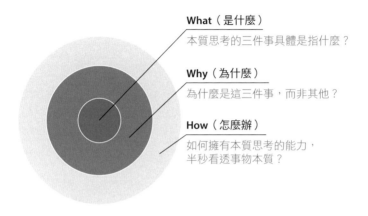

圖 1-2　理解並掌握本質思考的三個關鍵

01 /

事物的根本屬性
一眼看透本質的人都有超強的概念能力

　　很久以前，因為工作需要，我看過很多關於策略的書，書裡教了很多制定策略的方法，五花八門。但我感覺這些書始終都沒抓住策略的根本，也沒讓人想透策略的關鍵。等實際運用的時候，我發現那些總結好的方法總是無法套用到現實中，我總是手忙腳亂，不知如何是好。

　　為什麼會這樣？

　　後來我才明白，那是因為我始終都沒理解「策略」的根本屬性。

　　到底什麼才是策略的根本屬性？是寫出一堆計畫就叫策略，還是訂個目標就叫策略？是想出一個願景就叫策略，還

是提出一個使命就叫策略？

　　都不是，策略的根本屬性是「選擇」，而好策略就代表著「好的選擇」。在不了解「策略」根本屬性的時候，我區分不出策略和目標的不同，無法制定出好的策略，也說不出來為什麼有的策略好，而有的策略差。這就是必須優先理解一個事物的根本屬性的原因。

　　如果不了解事物的根本屬性，我們就無法回答「是什麼」這個問題；不明白「是什麼」，自然也就無法回答「為什麼」和「怎麼辦」；回答不了「為什麼」和「怎麼辦」，我們就無法解決問題，也就不能判斷趨勢。因此，當我們學一樣東西、理解一個事物、論述一個理論、解決一個問題、判斷一個趨勢的時候，都得從思考事物的根本屬性開始。

　　這也是為什麼不論學習哪個學科的知識、掌握哪個領域的技能，都是從「是什麼」這個問題開始的。就像小時候學習一個學科時，我們一開始大多會從學習一個個的定義開始。

　　所以，思考及解決一個問題的起點，正是對事物根本屬性的思考與理解。因此，事物的根本屬性就是我們要去思考的第一個「本質」。

　　那什麼是事物的根本屬性呢？

　　一個事物的根本屬性可以等同於這個事物的本質，也就

是一個事物之所以能夠成為它的那個根本原因。比如，我們一旦知道了凳子的本質是一個可以讓人坐下來休息的東西，那麼就會知道一個金屬製的可以讓人坐下來休息的東西是凳子，一個冰塊製的可以讓人坐下來休息的東西也是凳子。

可是，怎樣才能知道你是否了解事物的根本屬性了呢？

當你能夠做到以下三件事中的任何一件時，你就了解了。

- 給出清晰的定義
- 做出準確的簡單類比
- 打出精妙的比方

什麼是「給出清晰的定義」？定義是確定事物內涵的邏輯方法，具體來說，定義是揭示概念所反映對象的特點或本質的一種邏輯方法。因此，當你能給某件事物相對準確的定義時，就肯定是掌握了這件事物的根本屬性。比如，商品就是用來交換的勞動產品，這就是一個非常清晰的定義。

什麼是「做出準確的簡單類比」？如果我們能對一個事物做出準確的簡單類比，比如說出了「談判就是找交集」，將「談判」與「找交集」做出了準確的類比，那一定是了解了「談判」的根本屬性。

什麼是「打出精妙的比方」？能夠打出精妙的比方就意味著，我們能將一個抽象事物的根本屬性與生活、工作中常

見事物的根本屬性畫上等號。這時，我們才能打出一個精妙的比方。比如，《人類大歷史》的作者哈拉瑞打過一個精妙的比方，他說，恐怖分子就像是一隻想摧毀瓷器店的蒼蠅，但牠自身沒那麼大的力量，於是牠就鑽進公牛的耳朵裡，讓公牛發瘋，然後衝進瓷器店。在這個比方中，哈拉瑞將恐怖分子比喻為「想摧毀瓷器店的蒼蠅」，這個比方十分精妙。而其精妙的原因就在於，它切中了恐怖分子的根本屬性：單薄的自身能力，以及龐大的目標。

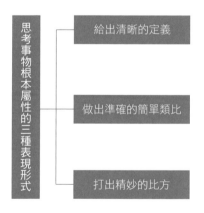

圖 1-3 思考事物根本屬性的三種表現形式

　　這就是思考事物根本屬性的三種表現形式，接下來我會逐一解讀。

給出清晰的定義

　　古希臘哲學家柏拉圖因為想要為「人」下定義，鬧過一個笑話。

　　他說：「人是沒有羽毛、兩腳直立的動物。」

　　於是，第歐根尼就拎了一隻被拔了毛的雞過來，看著柏拉圖說道：「這就是你說的人。」

　　這是一個很好笑的笑話，可是它竟然出自最偉大的哲學家之一柏拉圖。為什麼會這樣？

　　究其根源，還是因為他沒找到「人」的根本屬性，因此也就無法為「人」下一個清晰的定義。

　　在過去幾年中，如果你留心觀察就會發現，零售業受到了非常大的挑戰。零售巨頭沃爾瑪 2016 年一共關閉了全球 269 家門市，裁員 1.6 萬人；僅 2017 年上半年，沃爾瑪在中國關閉的門市就達到 16 家之多。就我而言，這幾年我幾乎從未逛過超市，只去過 24 小時便利商店，或是特別小且有自己特色的超市。百貨公司也是一樣，我已經很久不在百貨公司買衣服了，如果去逛百貨公司也只是為了找家餐廳吃飯。

　　然而，就在我以為傳統零售業逐漸蕭條的時候，新類型的零售——電商卻在迅速發展。同時，零售總額其實也在增

長，2017 年社會消費品零售總額就比 2016 年增長了 10.2%。

為什麼會這樣？對於零售業來說，接下來應該怎麼辦？

想要解決「為什麼」以及「怎麼辦」的問題，就得從「事物的根本屬性」開始分析。

在這裡，我們要談的事物是「零售」，所以我們應該從零售的根本屬性開始思考。

首先要思考的是：零售的根本屬性是什麼？把貨物賣出去就叫零售，還是一手交錢一手交貨叫零售？是必須有個場地購物才叫零售，還是只要有買賣發生就叫零售？

著名商業顧問、《5 分鐘商學院》的作者劉潤為零售下的定義是：零售就是把最終付錢的「人」（消費者）和「貨」（商品）連接在一起的「場」。

在「以物易物」的時代，有人家裡養羊，有人家裡種水稻，有人想吃白米，有人想吃羊肉，於是產生了交換，最後形成了市集，市集就是連接「人」與「貨」的「場」。今天的百貨公司、超市、便利商店也是將「人」與「貨」連接在一起的「場」。再後來，出現了電商。但不論是淘寶、京東還是有贊商城、微商，都是一個個的「場」，賣家拿著「貨」去連接「人」，或是「人」去找「貨」。

可見，不論零售業如何發展，從過去到現在，不論它經

歷了多少次的變革，它的根本屬性都從未變過，零售就是把最終付錢的「人」（消費者）和「貨」（商品）連接在一起的「場」。

這就是零售的根本屬性，也是零售的本質。

而接下來的所有問題，比如，到底什麼是新零售？無人售貨超市到底是不是眾望所歸？如何才能在新零售的巨大潮流中取得成功？未來的零售業將何去何從？這些問題的回答，都需要基於對零售根本屬性的深刻理解。

沒有了最開始的清晰定義，這些問題將無從討論。

只有在確定了「零售」的定義後，我們才能說「新零售是效率更高的零售」。而如果想要提升零售的效率，將「舊零售」改造成「新零售」，就得從「人」、「貨」、「場」這三個零售定義中的元素出發，去進行改造和提升。比如，用數據賦能，提升「場」的效率；用坪效革命，提升「人」的效率；用短路經濟，提升「貨」的效率。而這一切分析與實踐的起點，正是基於最初對「新零售」根本屬性的思考。

這就是為什麼本質思考非常重要。

對事物根本屬性進行思考，除了能幫助我們解決商業問題，還能幫助我們解決個人問題。

有位朋友跟我說，她的老闆說她情商低，因為她與同事

們的關係不像團隊裡其他人與同事那樣親密。

於是我問她：「你認為什麼是情商？」

她答道：「我覺得所謂情商高，就是讓人喜歡自己吧。」

當一個人與同事的關係不如團隊中其他人與同事那樣親密時，就能將其歸結為情商低嗎？所謂情商高就是會說好話，會拍馬屁，能和各種人打成一片嗎？

想解決這個困惑，要先搞清楚一個問題：什麼是情商？

《EQ》的作者丹尼爾・高曼為情商下過一個定義：情商指的是一個人管理自我情緒以及管理他人情緒的能力。

從這個定義我們可以看出，高情商體現在敏銳的情緒察覺與極佳的同理心上。它並不意味著要跟所有人打成一片。

身為優勢教練和個人成長教練，我在思考這個問題的時候發現，是否能與周圍的人形成非常親密的關係，與他們打成一片，其實更多與個人天賦有關。

根據蓋洛普的優勢理論，決定一個人能否與很多人打成一片的天賦是「取悅」；與此相對的另一個天賦，名為「交往」。擁有「取悅」這一天賦的人喜歡與很多人建立關係，但這些關係都相對較淺；擁有「交往」這一天賦的人雖然只愛跟少數人進行交流，但這些交流往往都非常深入。

寫到這裡，相信聰明的你已經發現了其中的奧祕。

　　我這位朋友與同事們的關係不像團隊裡其他人與同事那樣親密的真正原因，並不是她的情商不高，而是因為她擁有不同的天賦。她的「取悅」天賦並不突出，然而，她的「交往」天賦卻非常明顯。

　　如果沒有「什麼是情商」的有力發問，以及之後對於情商根本屬性的本質思考，她就無法成功解決這一困惑，同時也就失去了對自己進行深刻認知的機會。

　　所以，當你能用「下定義」的方法說出事物根本屬性的時候，你就擁有了清晰界定不同事物的能力。而這就是理解一個事物、學習一個理論、解決一個問題、判斷一個趨勢的重要起點。

做出準確的簡單類比

　　以前，我經常羨慕那些能夠「一語道破天機」的人，感覺多複雜的概念到了他們的口中，都能變成一句淺顯易懂的話。

　　後來我終於明白，這不過是「本質思考」的一種體現，他們將對事物的定義變成了關於事物的一個準確的簡單類比，也就是一句直截了當的大白話，就算是一個不愛動腦的人也

能輕易聽懂。

比如，什麼是「談判」？

百度上是這樣說的：談判有廣義與狹義之分。廣義的談判是指除了正式場合的談判，一切協商、交涉、商量、磋商等，都可以看作談判；狹義的談判僅指正式場合下的談判。

而如果用「準確的簡單類比」來表達，就是一句大白話：談判就是「找交集」。

前者是一個定義，而後者是一個準確的簡單類比。

如果是定義，那就得遵循古希臘哲學家亞里斯多德對於「定義」的定義，即定義＝屬＋種差。「屬」說的是這個事物與其他同類事物的相似之處，而「種差」說的是這個事物與其他事物的不同之處。

所以，亞里斯多德對「人」下的經典定義就是「理性的動物」。在這個定義裡，「動物」是與「人」最貼近的類別，這是人的「屬」，也就是相似之處；而「人」又與動物有著不同的特性，最根本的特性在於「理性」，所以「理性」就是種差，也就是不同之處。可見，當我們找到了事物的「屬」和「種差」，並將它們放在一起的時候，就能去定義一個事物了。

而準確的簡單類比無須遵循這個定義的法則，只要事物

A 與事物 B 之間有著非常相似的根本屬性，你就可以用「事物 A ＝事物 B」的方法去做出簡單類比。

如果我問：「什麼是憤怒？」你會如何作答？

產品營運專家梁寧是這樣回答的：

憤怒就是感覺自己的邊界受到了侵犯。動物都有自己的邊界。我們可能都見過一隻狗、一隻貓用尿液來劃定自己的領域。如果在自己劃定的領域裡來了另外一隻貓，之前的這隻貓就會感覺自己的邊界受到了侵犯，牠就會憤怒。人的邊界呢？就是自己存在感的邊界。比如在職場上，一個人搶另一個人的工作，就是侵犯了別人的邊界。又比如，兩位女士開車時發生了擦撞，她們不一定憤怒；但如果一個女人的老公大腿上坐了另外一個女人，這個女人肯定就憤怒了，因為邊界被侵犯了。

什麼是恐懼？在一隻貓的領域裡來了另外一隻貓，之前的這隻貓的邊界被侵犯，牠就會憤怒。但如果來的不是另外一隻貓，而是一隻老虎，之前的這隻貓就不憤怒了，牠會恐懼。幾個人要來拆你家的房子，你可能會憤怒；但如果龍捲風來了，你就不憤怒了，你會恐懼……

所以，本質上，憤怒其實是一種恐懼。

「本質上，憤怒其實是一種恐懼」，這就是對「什麼是

憤怒」的準確簡單類比。

當你能用「準確的簡單類比」說出事物根本屬性的時候，你不但能擁有「一語道破天機」的能力，還能在各種不同事物之間建立非常準確的本質上的聯繫。比如，梁寧就在憤怒與恐懼之間建立了本質上的聯繫。而這能讓我們更加有效地理解不同的概念和不同的事物，並在實際生活中加以應用。

打出精妙的比方

以前，我一直不能理解小米生態鏈出現的原因，也不能理解在小米生態鏈中，為何會有很多諸如毛巾、旅行箱之類的產品，直到看見了小米生態鏈負責人劉德在接受採訪時曾說過的這樣一段話：

小米生態鏈中為什麼會有很多既不「高科技」也不「智慧」的產品？原因是這些生意對於小米而言是「烤地瓜」生意。小米發展到今天，已經有 3 億用戶，其中 2.5 億是活躍使用者，他們除了需要小米手機、行動電源、手環等科技產品，也需要毛巾、床墊等高品質日用品。所以與其讓這些流量白白耗散掉，不如把這些流量變成一些營業額。就像一個火熱的爐子，它的熱氣散就散了，不如借助餘熱順便烤一些地瓜。

當看到這段話時，我才忽然明白，原來這是小米生態鏈中的「烤地瓜生意」。

這就是打出精妙比方的奇妙之處。

然而，為何劉德能打出一個如此精妙的比方，很多人卻不能？

原因就在於，他洞察到了既不「高科技」也不「智慧」的產品與「烤地瓜生意」這兩者在根本屬性上的相似之處，也就是它們在本質上的相似之處，並將它用一個簡單精妙的比方表達了出來。

那是不是說，只要打出一個比方，就說明我們已具備了本質思考的能力呢？

並非如此。

打比方，是在不熟悉的事物與熟悉的事物之間架起溝通的橋梁，也許準確，也許不準確；而精妙的比方，則是在不熟悉的事物的根本屬性與熟悉的事物的根本屬性之間架起的溝通橋梁。

所以，打出精妙的比方是本質思考能力的一種表現。

又比如，在《象與騎象人》中，作者寫道：

我們可能無法完全控制自己的行為。我們的內心並沒有一個能夠決定自己行為的「最高決策人」。相反地，真正的

自我由多個部分組成，每個部分都有自己的主意。甚至，有時候各個部分之間的意見還彼此衝突。在自我的各個組成部分裡，有一部分是我們內心的自動化系統，包括內心感覺、本能反應、情緒和直覺等；另一部分則是理性的思考以及理性的要求。

不知道你讀這段話時有什麼感受。是不是覺得作者描述的這兩個部分有點複雜，需要反覆咀嚼才能明白？

的確如此，所以，作者後來就打了一個精妙的比方：

它們的關係就像大象與騎象人。大多數情況下，這個騎象人只是大象的顧問。當大象和騎象人的意見相同，或者大象沒有自己的欲望時，騎象人才指揮得動大象；而當大象真的想要做什麼時，騎象人根本鬥不過牠。

藉由這樣一個比方，你是不是立刻就明白了？原來，我們內心的自動化系統就像大象，而理性的部分就像騎象人。所以，當我們毫無覺察地追隨內心的自動化系統時，理性根本就無能為力。大多數時候，我們究竟該向右走還是向左走，到底該做出怎樣的決定，其實都是由這頭大象所決定的，而理性只是那個偶爾才會發揮作用的騎象人。

這是多麼精妙的比方！

一個精妙的比方常常勝過千言萬語，因為它不但解釋了

事物的根本屬性，而且形象生動，讓人豁然開朗，過目不忘。

相信對大多數人而言，投資理念和方法都是非常枯燥的東西，但股神巴菲特卻能用極為精妙的比方將其講得一清二楚、直擊本質，讓我們立刻領悟。

比如，他將老師葛拉漢的主要投資方法用一個精妙的比方解釋得極為清楚，這個比方很多人可能都聽說過，那就是「撿煙蒂」：

你滿地找雪茄煙蒂，終於找到了一個溼透了的、令人討厭的煙蒂，看上去還能抽一口，而且是免費的，所以你就把它撿起來，抽了最後一口，然後扔了，接著找下一個。這聽上去一點都不優雅，但如果你找的是一口免費的雪茄，這個方法還是值得做的。

當時，葛拉漢的投資方法正是如此：他藉由制訂「價值投資探測器」（即一些投資標準）來尋找廢墟中那些明顯被低估的股票。而當時，確實有很多股票的價值遠遠低於公司的清算價值和淨資產價值，甚至公司的市值還沒有公司帳上的現金多。葛拉漢正是由此建立了成功的投資框架和理念。

這就是「撿煙蒂」式投資法，雖然煙蒂並不算什麼好東西，但由於獲取成本非常低，所以還是能賺到錢。這就是本質思考的巨大力量。

　　當能藉由「打出精妙的比方」說出事物的根本屬性時，那麼恭喜你，你不但擁有了深刻的思考力，還擁有了出色的表達力。這時，你已經是既能深刻思考又能通俗表達的「大師級」本質思考者了。

02 /

問題的根源

很多痛苦和失敗的產生，皆因沒能洞察事物的
本質

在幾百年前的航海時代，遠航的船員經常受到壞血病的
困擾。出海時間一長，船員的牙齦和皮膚就開始出血，皮膚
變得蒼白，眼窩下陷，接著就是牙齒脫落，最後可能導致死
亡。有人估算，從 1500 年到 1800 年這 300 年間，可怕的壞
血病一共殺死了約 300 萬名船員。

當時的人都不知道壞血病究竟是怎麼回事，但人們藉由
直覺判斷，這種疾病大概與飲食有關，是營養不良所致，因
為它只發生在遠航的船員身上，而海上又缺乏新鮮的蔬菜和
水果。

　　直到 1747 年，由於一個純粹的偶然，蘇格蘭海軍軍醫詹姆斯・林德發現吃柑橘能治壞血病。他做了一個實驗，發現柑橘和檸檬的確對治療壞血病有效果。英國人還發明了把檸檬汁混在蘭姆酒裡長期保存的方法。於是在 19 世紀早期的時候，英國海軍就澈底告別了壞血病。

　　這一偶然發現，讓英國海軍暫時解決了這次的壞血病問題，可是再也沒人去思考為什麼柑橘和檸檬能治壞血病這個問題了。誰知道，一百年後，壞血病再次纏上了英國船隊。

　　船隊原本配發給船員的都是西班牙檸檬，但後來有一種更便宜的西印度檸檬，酸度和西班牙檸檬一樣，於是船隊就改成了配發西印度檸檬。再後來，為了防止檸檬壞掉，船隊把檸檬榨成了汁，再把檸檬汁煮熟了才帶上船。改變的原因是，他們發現這兩種檸檬，不論是檸檬果實還是檸檬汁，其酸度都是一樣的。

　　誰知道，這個改變造成了大規模的壞血病。

　　隨船醫生無法理解這個現象，他們認為，既然同樣是酸的檸檬汁，應該都能預防壞血病，為什麼壞血病捲土重來了？

　　一直到 1930 年，這個問題才終於得以解決。

　　那時，匈牙利的科學家聖捷爾吉・阿爾伯特成功分離出了維生素 C，人們才如夢初醒。原來，對壞血病發揮作用的

不是柑橘和檸檬，也不是它們的酸味，而是它們裡面的維生素 C。

所以，現在就可以回答為什麼西印度檸檬煮熟的果汁無法抵抗壞血病了。

因為西印度檸檬裡所含的維生素 C 只有西班牙檸檬的四分之一，而且其實不論多少，只要將檸檬汁煮熟，裡面僅存的維生素 C 就會被澈底地破壞，壞血病自然會捲土重來。

可見，只有找到問題的根源，我們才能真正有效地解決問題。

對問題根源的思考非常重要，這不僅是因為只有找到問題的根源，我們才能真正解決問題，也因為只有對問題出現的原因做出正確的解釋，我們才能在下一次類似問題出現時，避免犯同樣的錯誤。

在替諮詢者做教練輔導的時候，我常會遇到這種情況：在遭遇了工作或感情上的挫折後（比如被老闆開除、被同事排擠、被分手），不少諮詢者都會將這些問題出現的原因全部歸到自己身上。他們會說這一切的發生都是因為自己太差勁、自己不努力、自己不夠好。於是，他們就一直鑽在這個牛角尖裡無法自拔、持續痛苦，認為自己再也不會找到一份好工作，或者找到一個好戀人，也永遠無法獲得成功與幸福。

　　這就是對問題根源做出的錯誤解釋，而這種錯誤解釋直接導致了他們錯誤的思考方式，這種錯誤的思考方式又讓他們陷入了更大的痛苦之中。所以，他們始終無法開始新的生活。

　　那麼，對這些問題根源的正確解釋應該是怎樣的呢？

　　事實上，事物之間的因果關係是複雜多樣的。一個現象的產生，可能是由一種原因引起的，也可能是由多種原因引起的。比如，植物的葉子之所以能夠進行光合作用，是因為有充足的日光、二氧化碳和水共同參與。這就是複合性原因。

　　因此，在大多數情況下，不論是工作中出現的問題，還是親密關係中出現的問題，都不是由單一因素造成的，都要考慮其多樣性。只有這樣，我們才能清晰、準確地看到問題背後的複雜原因，從而真正有效地解決問題。這種思考也能讓你在不斷精進的同時，擁有深刻的洞察力與成熟的心智。

　　可以說，在進行本質思考的時候，如果忽視了問題根源的多樣性，就可能會導致非常嚴重的後果。比如農作物長不好的原因，可能是水分不足，可能是肥料太多，也可能是病蟲害等。如果我們沒有意識到問題根源的多樣性，只注意其中的一種原因，比如，只注意施加肥料，那就必然會導致減產的後果。因此，在對問題根源進行本質思考的時候，不僅

要思考表層原因，還要思考深層原因；不僅要思考單一原因，還要思考複合性原因。只有這樣，我們才有可能對問題和現象做出正確解釋，從而避免類似問題再次發生。

思考問題的根源還有一個目的，那就是做出正確的預測。如果看不到問題發生的根源，我們就無法做出正確的預測。

2004 年 12 月 26 日，印度洋發生 9.3 級地震。地震引發的海嘯席捲多處海灘，15 個國家遭到重創，20 多萬人死亡或失蹤。當時很多人都看到了海水倒退，但預測到海嘯的只有極少數人。

海嘯為東南亞、南亞、非洲等地的國家帶來史無前例的災害。但是，也有人幸運地逃過了這一劫。當時，有的人觀察到了異常情況，並立即做出反應。

泰國普吉島卡馬拉灣，來自英國的生物學老師柯洛斯頓與家人正在度假，他幸運地逃過了一劫。當時，柯洛斯頓正在水裡游泳，忽然發現海水有異常，於是趕緊上岸，把妻女叫過來，並說服了飯店接駁車司機把大家帶到高地，還把沿途看到的婦幼也叫上車。然後，他們都得以獲救。

來自英國的 10 歲小學生提莉也倖免於難。當時，提莉跟家人正在參考海灘度假，她也發現了海水的異狀，於是立刻告訴了自己的父母，她父母又提醒了其他人。因為提莉的警

覺，在海嘯來臨前，人們已從海灘撤離。麥考海灘也成為少數未有傷亡的海灘。

兩個地點，兩群人，他們發現了什麼異常情況？答案是，他們看到了海水倒退。

海嘯發生之前，岸邊的海水會突然倒退，提莉幾週前在地理學上剛好學到這個知識。東南亞許多地方的小孩見到海水倒退，都覺得機會難得，然後跑去撿貝殼。沒人制止他們，因為沒人知道事態的嚴重性。

遠方海底地殼構造發生變動，引發地震，悄無聲息地捲起了海浪，卻沒有人覺察到，因為海洋很深，海浪很小；但是地震引發的海嘯以高達每小時 500 英里的速度前進，相當於波音 747 的航行速度。只有當海嘯逼近海岸線時，人們才發覺它的威力。

當時，所有人都看到了海水倒退，但卻很少有人去想「海水倒退」這個問題的根源。

而那些進行思考並找到問題根源的人，就能對事情的未來趨勢做出精準判斷，即海水將高速襲來。

可以說，沒有了對於問題根源的探究與思考，我們就無法對事物的發展做出準確預測。

03 /

現象背後的底層邏輯
你追求的是方法，高手思考的是邏輯

在剛開始做自己的微信公眾號時，對於如何為文章下標題，我一籌莫展。於是，我就去瀏覽那些爆款文章，想要學習一下什麼樣的標題能夠引人注目。我看到了各式各樣的標題：有的是疑問句，有的是陳述句；有的是比較式，有的是自問自答式。

我想，這些紛繁複雜的標題背後一定存在著某種規律。

果不其然，很快地，我就搜尋到了一些專講如何為文章下標題的文章。這些文章從不同角度對文章標題的取法進行了歸納。比如，對比式標題、懸念式標題、倒裝式標題、引語式標題等，還有如何體標題、合集體標題、帶負面詞彙的

標題、帶有急迫感的標題、解釋性標題、嵌入專業詞彙類標題等。

這些下標題的方法非常有用，我忍不住思考了一個問題：「為什麼這些類型的標題能帶來更高的關注率與點擊率呢？」

有一篇文章的原標題是「《失控》書摘50則，精華都在這裡」（2天，點閱量300多）；後來經過專業人士修改，標題變成了「如果你讀不完《失控》，至少可以讀完這50則書摘」（2天，點閱量1萬多）。

同樣一篇文章，在用第一個標題的時候，2天的點閱量只有300多，在改成第二個標題後，點閱量一躍變為1萬多。原因就在於原標題只是平鋪直敘，而修改後的標題直擊讀者痛點。當時，《失控》是一本非常熱門的書，然而這本書有些晦澀難懂，能讀完的人很少。對於那些沒空去讀或者讀不太懂的人而言，書摘自然就很有用。

就這樣，我找到了不同類型標題能夠帶來更高關注率和點擊率的原因——它們或是擊中了目標讀者的痛點，或是擊中了目標讀者的爽點。

正如產品營運專家梁寧所說：

要麼做一個讓人愉悅到超爽的產品，要麼做一個可以幫人抵抗恐懼的產品。如果做一個看上去可以在某種程度上幫

人不再難受，但在「爽」和「恐懼」上無所作為的產品，那就是一個不痛不癢的產品，也許有人會買單，但不會爆紅。

然而，為什麼取一個直擊讀者痛點或爽點的文章標題，或是做一個讓人超爽或抵抗恐懼的產品，就能帶來爆紅的效果呢？這些方法背後到底還隱藏著什麼樣的道理呢？

後來，我漸漸明白，在這些方法背後隱藏著的正是亙古不變的人性。

怎麼理解人性？

人性的一面是貪婪、嫉妒、執著、恐懼等，簡單地說，就是貪、嗔、癡。貪、嗔、癡會為我們帶來各式各樣的想法和念頭，比如，擔心自己比不上其他人、擔心自己的才能匹配不上自己的年齡、想要擁有跟同事一樣的大房子、想要成為同學中最美的那個……於是，也就產生了各式各樣的痛點和爽點。

如果你的標題能夠直擊讀者的痛點和爽點，回應用戶的貪、嗔、癡，文章的關注量與點擊率自然就會上升。

這也是為什麼「微信之父」張小龍說：

你要去了解人們的欲望，並藉由你的產品去滿足他們。我們要去滿足他們的貪、嗔、癡。我們要洞察這一點，因為我們的產品要讓使用者產生黏著度，就是讓使用者對你的產

品產生貪、產生嗔、產生癡……當我們在做一個產品的時候，我們是在研究人性，而不是在研究一個產品的邏輯。

比如，我們在玩遊戲、買東西時，平臺或商家會為我們設計各種等級，比如航空公司會有銀卡、金卡和白金卡。這背後展現的是什麼心理？從本質上來說，這展現的都是人性的三個弱點——貪、嗔、癡。因為貪，所以我們想要升級；因為嗔，所以我們會跟別人比較，如果你的等級比我的等級高，那麼我也要升上去；因為癡，我們會努力升級，希望一直升到最高級。

所以，想做出能產生使用者黏著度的產品，就得研究人性。

而這個隱藏在方法與現象背後的「道理」不僅可以運用在為文章下標題上，還能運用在做產品上。我們可稱之為「底層邏輯」。

那麼，還有什麼能被稱為「底層邏輯」呢？

比如，物理學中的「能量守恆定律」也是一個底層邏輯，它是隱藏在萬事萬物能量轉化背後的那個根本性的道理，不論是熱能、動能還是勢能，都得遵從這一定律。

現在，就讓我們來看看，底層邏輯說的到底是什麼。

查理·蒙格說：「在商界有一個非常有用的古老守則。

這個守則有兩步，第一步，找到一個簡單的、基本的**道理**；第二步，非常嚴格地按照這個**道理**行事。」

愛默生說：「方法，可能有成千上萬種，或許還有更多；而**原理**則不同，把握**原理**，你將找到自己的方法。追求方法而忽視**原理**，你終將陷入困境。」

喬許·考夫曼說：「無論你學習什麼科目，其中最美妙的事是，你不用知道所有的知識，僅僅需要知道一些濃縮的**核心原理**即可。而一旦建立起**核心原理**的框架，想學習知識甚至進一步拓展便是輕而易舉的事。」

瑞·達利歐說：「所有的運轉，都有賴於深藏其中的**原則**，也就是一串又一串的**因果關係**決定了這個世界的走向。如果你探索出了其中的**因果關係**——雖然不可能是全部，但最好是絕大部分——那麼你無疑就掌握了打開這個世界藏寶箱的鑰匙。」

劉未鵬在他的《暗時間》一書中寫道：「看一個問題的解法，必然要看解法所誕生的過程背後是否隱藏著**更具一般**

性的解決問題思路和原則。否則這個解法就只是一個問題的解法，記住了也無法推廣。」

　　商業顧問劉潤說：「做任何一種商業，都需要找到其**最本質的原理**。」

　　查理‧蒙格口中的「道理」、愛默生所說的「原理」、喬許‧考夫曼所說的「核心原理」、瑞‧達利歐所說的「原則」和「因果關係」、劉未鵬所說的「更具一般性的解決問題思路和原則」，以及劉潤所說的「最本質的原理」，其實說的都是同一件事，那就是我們這裡所說的底層邏輯。

　　可以說，我們看到的、聽到的世界雖然紛繁複雜、變化萬千，但其背後常常有著如同「看不見的手」一般的「道理」或「邏輯」在指揮著、主導著，而這些「看不見的手」就是「底層邏輯」。換句話說，底層邏輯就是萬千「術」後面的那個「道」，也是萬千現象背後的那個底層規律。

　　由此，我們得出，「底層邏輯」主要有四個特點。

　　第一，抽象。越抽象的就越在底層。

　　第二，簡潔。「萬物之始，大道至簡，衍化至繁」，「大道至簡」說的正是事物的基本原理、方法和規律往往都是極其簡潔的。

第三，動力來源。底層邏輯是各種現象出現的動力來源。

第四，通用性。底層邏輯針對的不是某個特定問題，而是某一類問題或現象，有時甚至能被運用在萬事萬物之上。

那麼，為何看透底層邏輯如此重要？

如果說思考問題根源是在尋找導致某一特定問題發生的根源，那麼思考現象背後的底層邏輯就是在尋找某一類問題或現象之所以出現的普遍根源。因為底層邏輯是藏在萬事萬物背後的那個不變的規律，所以我們找到了它就等於擁有了舉一反三、融會貫通的本領。同時，因為底層邏輯是各種現象出現的動機與原因，因此一旦理解了底層邏輯，我們對於諸多現象的理解也會變得容易許多。

所以，找到普遍問題或現象背後的底層邏輯，能讓我們擁有舉一反三、融會貫通的本領，在看問題時能夠更加通透和準確，成為「半秒鐘看透問題本質」的頂尖高手，從而擁有開外掛的人生。

本章小結

所謂本質，就是事物的根本屬性、問題的根源和現象背後的底層邏輯。

本質思考力，就是透過紛繁複雜的現象，看清事物根本屬性，看透問題根源，看懂現象背後底層邏輯的思考能力。

所謂進行本質思考，就是要思考以下三件事。

- **事物的根本屬性**：一個事物之所以成為它的根本原因。
- **問題的根源**：導致問題發生的根本原因。
- **現象背後的底層邏輯**：隱藏在現象背後不變的規律。

如果看不透事物的根本屬性，就解決不了「為什麼」和「怎麼辦」的問題；如果看不透問題的根源，就無法解決問題、解釋問題和預測問題；如果看不透現象背後的底層邏輯，就無法找到同類問題的普遍根源。

第二章

思維黑箱

高手是如何看透三個本質的

不知你是否有過這種感覺？

每次聽別人說「新零售的本質是什麼？是效率更高的零售」、「孔子之所以有『天下觀』，本質上是因為中國很早就是大一統的國家」、「互聯網的底層邏輯有三個，分別是……」的時候，我們都會驚嘆不已，有種醍醐灌頂的感覺。

為什麼？

因為對方變了一個非常精彩的魔術：魔術師手上原本拿著的是一個蘋果，在穿過黑箱後卻變成了一隻展翅高飛的白鴿；魔術師推進黑箱的分明是一個身材婀娜的女人，但從黑箱裡出來的卻是一枝玫瑰。

作為觀眾，因為無法洞悉魔術變化的具體過程，看不到魔術師「黑箱」裡的動作，所以就會驚嘆於最終結果的奇妙，驚嘆於蘋果變成白鴿、女人變成玫瑰的神奇一幕。

可是，如果你把變魔術的過程與本質思考的過程做個類比，就會發現兩者驚人的相似之處。

「新零售的本質是什麼？是效率更高的零售」其中的「新零售」就是「蘋果」，後面的「效率更高的零售」就是「白鴿」。

「孔子之所以有『天下觀』，本質上是因為中國很早就是大一統的國家」其中的「孔子之所以有『天下觀』」就是「身材婀娜的女人」，後面的「因為中國很早就是大一統的國家」

就是「一枝玫瑰」。

進行本質思考，就是在變魔術。

只看本質思考的結果，就如同只看到了魔術的結果，自然驚嘆不已。然而，如果有一天你了解進行本質思考的方法，就如同看到了魔術師黑箱裡的動作，一切祕密就此解開。

這就是本書上半部要去解決的第三個問題——How（怎麼辦），即怎樣擁有本質思考的能力，半秒看透事物的本質。

01 /

如何看透本質
「大膽假設，小心求證」的溯因推理法

柯南・道爾創作的福爾摩斯系列推理小說《血字的研究》開頭就寫道，第一次見到華生，福爾摩斯很快就說華生剛剛到過阿富汗，這個準確的論斷令華生十分驚訝。

可是，福爾摩斯到底是如何看出來的呢？福爾摩斯是這樣說的：

這位先生有醫務工作者的風度，還有一副軍人氣概，那麼顯然他是個軍醫；他臉色黝黑，但從他手腕的皮膚黑白分明來看，這並不是他原來的膚色，說明他剛從熱帶回來；他的左臂動起來有些僵硬，可見他的左臂受過傷。試問，一個英國的軍醫在熱帶地區歷盡艱辛，且臂部受過傷，這能是在

什麼地方呢？自然只有在阿富汗了。

　　僅僅根據一個人的外貌特徵，比如軍人氣概、臉色黝黑、手腕皮膚黑白分明、左臂受過傷，福爾摩斯就能推理出這個人的身分與來歷。這究竟是多麼神奇的一種方法啊！

　　也許你會說，這就是演繹法。

　　其實不然，這是一種很少被人提及，卻被廣泛運用的推理方法，它就是與歸納推理法、演繹推理法同樣重要的溯因推理法。

　　其實，這種推理方法最早是由亞里斯多德提出的，在他的著作《前分析篇》中，他曾提到過一種「還原推理模式」，說的正是溯因推理法。

　　到底什麼是溯因推理法呢？

　　演繹推理的方法是由 A 推理出 B，比如，從「兩點之間直線最短」這一已知原理，你可以推理出三角形的兩個邊長之和一定大於第三個邊。A 就是「兩點之間直線最短」，而 B 就是「三角形的兩個邊長之和一定大於第三個邊」。這就是演繹推理。

　　而溯因推理則不同，它是在看到了 B 後，推理出到底是什麼導致了 B 的最佳解釋的方法，也可以理解成是根據某一結果 B 去推測其原因 A 的推理方法。換句話說，溯因推理是

解釋已知事物的過程。

如何進行溯因推理呢？

簡單來說，就是八個字：大膽假設，小心求證。

福爾摩斯對華生來歷的推理正是這樣兩步：先按照華生的外貌特徵進行大膽假設，然後再到華生身上尋找更多蛛絲馬跡，對假設進行印證，最終提出結論。

那麼現在，假如你家浴室地上出現了一灘積水，需要你去推理一下它的原因，你該怎麼辦？

按照這八個字，你首先要做的是：大膽假設。

能夠造成浴室地上有灘積水的原因比較多，比如浴室的屋頂漏水、抽水馬桶漏水，或者有人在地上放了冰塊。

現在，就得從眾多可能的原因中找到一個最貼近現實的假設。因為屋頂漏水和地上有冰塊都無法解釋抽水馬桶一側有滲漏這一現象，而且你也很難解釋浴室地上為何會有冰塊。綜合考慮這些因素後，你就能得出一個最貼近現實的假設，那就是抽水馬桶本身漏水。

那麼，怎樣才能知道浴室地上有灘積水就是由於抽水馬桶漏水呢？這就需要對這個假設進行驗證了，也就是小心求證。在這裡，驗證並不困難，你只需要看一下抽水馬桶是否正在漏水，就能驗證假設是否正確了。這就是溯因推理的具

體方法——大膽假設，小心求證。再來看一個看病的例子。

　　一個人因為咳嗽、吐血、四肢無力去醫院看病。醫生會怎麼做呢？醫生會用溯因推理的方法來確定這個患者的病情。首先，醫生會先根據患者主訴以及能夠看到的症狀先做病症假設，然後再對這個假設進行驗證，從而確定患者病症。藉由問診，醫生了解了病人的病情、病史以及生活環境。於是，醫生提出了一個關於患者病情的假設：這個病人可能患有肺結核。如果有，那麼病人的肺部就會有病灶，痰裡也會有結核桿菌。根據上述論斷，醫生讓病人去做電腦斷層掃描，看看肺部是否有病灶。同時，醫生讓患者去檢驗科檢查，看看痰裡是否有結核桿菌。最後，醫生根據檢查結果得出結論。如果假設被證實，那麼假設就成立，病人就患有肺結核。否則，假設就被推翻，醫生需對患者的病因重新提出假設，然後再進行一輪驗證。

　　從這個看病過程，我們就能看出：前半段是「大膽假設」階段，醫生根據問診結果，假設這個患者「可能患有肺結核」；後半段則是「小心求證」階段，醫生藉由讓患者做電腦斷層掃描、化驗等方法來驗證這個假設。如果假設被證實，那就說明這位患者的確患有肺結核；若結果相反，醫生就需重新提出假設，再進行一輪驗證，這就是溯因推理的方法。

可以說，溯因推理是要從現象 B 推出原因 A，而本質思考是要從現象和問題出發，找到導致這一切發生的根源以及底層邏輯。從本質上講，這兩者具有非常相似的思考路徑，所以溯因推理就是隱藏在「本質思考」黑箱裡的具體動作。

由此可見，本質思考的方法也就是這八個字：大膽假設，小心求證。

第一步，大膽假設（形成假設）。

第二步，小心求證（驗證假設）。

那麼，究竟該怎樣假設？又該如何求證呢？

接下來，我會談點略微燒腦的概念和方法——求同求異法、歸納法、抽象法、穆勒五法、結構性分析法、系統性分析法……藉由這些方法，我們才能形成真正有效的假設。

相信我，這些燒腦的過程都很值得，因為由此我們可以一點點看清楚魔術師「黑箱」裡每一個具體的動作、每一個具體的道具。這樣，在看清之後，我們就能變出同樣神奇的魔術，成為擁有本質思考力的高手。

還是那句話，我們不怕痛，只怕痛得沒有意義。我保證接下來將會是一個痛苦得非常有意義的過程。

在具體深入地講解每一種「形成假設」的方法以及「驗證假設」的方法前，我先為大家提供一個總表。從這個表格

中我們可以看出，本質思考三件事中的每一件事都對應了不同的「形成假設」的方法，而「驗證假設」的方法則完全一樣，那就是：求證且小心謬誤。你可以先看一遍，大概有個印象。接下來，我將為大家逐字講解其中的涵義。

本質思考的三件事	大膽假設的方法	小心求證的方法
思考事物的根本屬性	（1）求同求異法	（1）向自己提問 （2）藉由試驗驗證 （3）舉出反例
	（2）先歸納後抽象法	
思考問題的根源	（1）穆勒五法	
	（2）5Why 提問法	
	（3）結構性分析法	
	（4）系統性分析法	
思考現象背後的底層邏輯	先歸納後抽象法	

表 2-1　本質思考的具體路徑

02 /

大膽假設
做出假設的方法

正如之前所說，本質思考的方法是八個字：大膽假設，小心求證。在這一節中，我們會來說說如何做出假設。

做出假設的方法一共有六種。

思考事物根本屬性的兩種假設法

當我們在思考事物根本屬性的時候，一共有兩種做出假設的方法：求同求異法和先歸納後抽象法。

方法一：求同求異法

不知你是否曾經想過「什麼是愛情」這個問題。

美國著名心理學家羅伯特·史登伯格是這樣思考的：

他提出了愛情三角理論，即愛情是激情、親密和承諾的結合。其中，激情是愛情中的性欲成分，指情緒上的著迷；親密指在愛情關係中的溫暖體驗；承諾指對維持關係的決定。

實際上，愛情中的「激情」，正是愛情與親情、友情的不同之處；愛情中的親密，正是愛情與友情的相似之處；而愛情中的承諾，則是愛情與親情的相似之處。

可以說，史登伯格對於愛情根本屬性的定義，正是基於他對愛情、親情、友情三者不同之處與相似之處進行的比較。

於是，愛情就被分成七種類型。

比如，「喜歡式愛情」說的是只有親密的愛情，兩人在一起雖然感覺很舒服，但總覺得缺少激情，也不一定願意廝守終生，因為缺少了激情和承諾，正如友情；再比如，「空洞的愛」說的是只有承諾的愛情，它缺少了親密關係和激情，此類愛情看上去似乎豐滿，卻缺少必要的內容；而完美的愛情就是激情、親密關係和承諾的結合，它融合了愛情獨有的激情以及與友情、親情相似的親密關係與承諾。

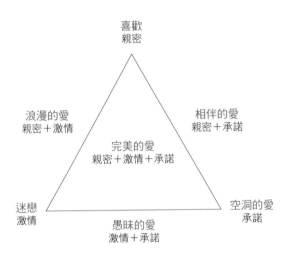

圖 2-1　愛情三角理論

　　可以看到，史登伯格的整個思考過程正是運用了求同求異法——將愛情和與之相似的友情、親情進行比較，比較其相似之處與不同之處，然後得出「愛情是什麼」的結論。

　　可是，為什麼運用求同求異法就能洞悉事物的根本屬性呢？

　　其實，求同求異法與亞里斯多德「下定義」的方法是相通的，我在前文中已經講過。

　　亞里斯多德說：什麼是定義？定義就是屬加上種差。

圖 2-2　什麼是定義？

屬是什麼？就是這個事物與其他同類事物的相似之處。

種差是什麼？就是這個事物與其他事物的不同之處。

所以，從本質上來說，前者說的是「求同」，後者說的是「求異」。

亞里斯多德對「人」下的一個經典定義就是「理性的動物」。在這個定義裡，「動物」是人的「屬」，這個思考過程就是「求同」。而「人」與其他動物相比，又有著不同的特性，最根本的特性就是「理性」。「理性」就是種差，而尋找種差的過程就是「求異」。這就是「求同求異法」的具體運用。

方法二：先歸納後抽象法

思考事物根本屬性的第二種假設方法是先歸納後抽象法。

什麼是先歸納後抽象法？顧名思義，就是先進行歸納，再進行抽象和概括的推理方法。

什麼是歸納？歸納是一種從個別到一般的推理方法。

比如，科學家發現金能導電、銀能導電、銅能導電、鐵能導電、錫能導電，於是科學家推理出一切金屬都能導電的結論。這就是歸納推理。

再比如，你發現銳角三角形的面積是底乘高的一半，直角三角形的面積是底乘高的一半，然後又發現，鈍角三角形的面積也是底乘高的一半。於是你推理出：三角形的面積都等於底乘高的一半。這也是歸納推理。

由此我們可以看出，歸納推理的前提與結論之間並無必然聯繫，它們之間的關係是可能性的關係。所以，想要檢驗一個歸納推理的結論是否正確，逐一檢驗特定範圍內的所有情況就是最可靠的方法。

在某些情況下，也許我們可以逐一驗證。可是，若想驗證「世界上的天鵝都是白天鵝」這個歸納推理出的結論是否正確，就得把天底下所有的天鵝都看過一遍，看看牠們是不是都是白色的。這就太費力氣了。

所以，歸納推理是由部分代替整體的推理，選取的樣本越多，得出的結論就越可能準確。一旦發現一個矛盾，這個歸納推理的結論就得進行修正。比如，人們原本已經得出了「世界上的天鵝都是白天鵝」這個結論，後來人們又發現了

一隻黑天鵝，這個結論就被打破了。

所以，只要樣本夠大，操作夠科學，藉由歸納得出的結論就不會有太大的偏差。即便如此，歸納法也只能得出機率性的趨勢，而不是必然的結論。

不過歸納推理雖然無法提供必然性的結論，卻是一切科學的基礎。

牛頓從無數次實驗中歸納出了牛頓三大定律，成為一代宗師；經濟學家從人們的交易現象中歸納出了供需理論。事實上，幾乎我們所有的知識都始於用歸納法建立的假設。

所以，牛頓在《自然哲學的數學原理》中寫道：

我們必須把那些從各種現象中運用一般歸納得出的命題看作完全正確的，或者是非常趨近於正確的。

他非常強調觀察和歸納在科學中的作用，認為這是科學建立的基礎。在此基礎上，再藉由演繹建立完整的理論。

然而在這裡，僅有歸納推理還不夠，因為我們對事物根本屬性的定義、類比或比方都是非常簡潔明瞭的，而歸納推理得出的結論有時會有點長，有時會有些具象。這時，就需要「抽象」這個有力的武器了。

什麼是抽象？抽象是指從眾多事物中抽取出共同的、本質性特徵的思考過程。

　　比如，我們會將蘋果、柑橘、鳳梨、櫻桃、草莓稱為「水果」；將可樂、雪碧、檸檬茶稱為「飲料」。這些都是抽象的過程。物理學則會將我們平時看到的各種現象藉由數學的方法進行抽象，變成一個個的物理學定律和公式，比如，槓桿原理、萬有引力定律和能量守恆定律等。

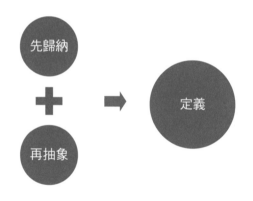

圖 2-3　用先歸納後抽象法找出事物的根本屬性

　　所以，歸納是從個別到一般的思考過程，但得出的結論可能是具象的，所以還需要抽象的思考過程。

　　所以，當這兩個思考方法結合起來應用時，我們就能找出事物的根本屬性了。

　　舉個例子，產品營運專家梁寧在講如何找產品痛點的時候，講到首先要找到「痛點」的根本屬性。她是怎麼找的呢？

　　什麼叫痛點？我查了一下，在「什麼是痛點」這個問題下，排第一的答案是：對於產品來說，痛點多是指那些尚未被滿足而又被廣泛渴望的需求。這個答案顯然不對。沒有被滿足，用戶只是難受而已。不能拿用戶的難受當痛點，或者說產品的切入點。

　　一些網友講自己的案例，非常有意思。一個叫子柳的網友說：「我一天到晚都會收到推銷的廣告電話，恨不得移除手機的通話功能，直到我遇上某某號碼通[1]。」另一個網友說：「碰到頭疼腦熱的小病，跑醫院能把人折騰死，我又不敢亂吃藥，這時有一個 App 就很好地解決了我的問題。」一個叫舒大暢的網友說：「當年的海倫仙度絲廣告就很打動我，我第一次拜訪岳父岳母時，肩上都是頭皮屑，老人一臉嫌棄……」

　　如果我們稍微留意一下就會發現，上述場景中使用者決定要用什麼產品幫助自己時，他們的心理用一個詞來形容，就是「怕」。所以，痛點就是恐懼。

　　你看，她是如何思考出「痛點就是恐懼」這件事的根本屬性的？首先，她收集了一些講痛點的案例，然後對這些例

---

1 號碼通：來電辨識 App。

子進行歸納，得出一個結論：上述場景中使用者決定要用什麼產品幫助自己時，他們的心理用一個詞來形容，就是「怕」。接下來，她又對這個結論進行了一定的抽象，將它變成了一個準確的簡單類比，即痛點就是恐懼。簡單兩步，就找到了事物的根本屬性。這就是找到事物根本屬性的第二種方法：先歸納後抽象法。

然而，一個再好用的方法也會有它的局限。比如，對於歸納，就要注意以下兩種可能的謬誤。

1. 過度概括：過度概括的意思是根據幾個非常有限的現象得出片面的結論，這也是「刻板印象」。比如，東北人都能喝酒，女人的邏輯思維能力都不好。過度概括出現的原因是樣本數太小，根本無法支撐它的結論。

2. 樣本偏差：「倖存者偏差」就是典型的樣本偏差。

我們來看一個「二戰」時期的真實案例。

當時，英美對德國展開策略轟炸，但德國的防空炮火導致英美空軍損失慘重。於是，英美盟軍就請來飛機專家研究戰鬥機受損的情況，以便對飛機進行改造。

專家們是怎麼做的呢？他們非常仔細地檢查了執行任務歸來的飛機，發現所有飛機的機翼都嚴重受損。於是他們得出結論：機翼最脆弱，要加強機翼保護。

這個結論看起來沒有問題，但真的是這樣嗎？後來，統計學家沃德指出，應該關注彈痕少的部位。因為專家們檢查的所有飛機，都是返航飛機，也就是那些倖存者。還有很多飛機都被擊落了，根本沒有機會成為被歸納的對象。

後來，的確有大量證據表明，飛機更脆弱的部位是機艙。而那些機艙受損的飛機都遇難了。

從本質上講，這個歸因謬誤是由統計學中的取樣偏差造成的。就像市場調查一樣，願意參加調查的人和不願參加調查的人本身就是兩種類型的人。因此，調查的結果也只適用於願意參加調查的那部分人，這無疑會造成不可避免的偏差。

所以，取樣的代表性比樣本的數量更重要，這一點在進行歸納推理時必須注意。

以上就是兩種用於找到事物根本屬性的假設方法：求同求異法與先歸納後抽象法。

思考問題根源的四種假設法

思考問題根源一共有四種假設法，分別是穆勒五法、5Why 提問法、結構性分析法和系統性分析法。

方法一：穆勒五法

　　什麼是穆勒五法？

　　它代表了五種假設問題根源的方法：求同法、求異法、求同求異法、共變法和剩餘法。

1. 求同法

　　我們常會在雨過天晴後見到彩虹，也會在瀑布旁發現彩虹的身影，甚至有時還會在清晨一株草的露珠上看到它的樣子。那麼，為什麼彩虹會在這些情況下出現呢？這時就要用「求同法」去思考彩虹產生的根源了。有什麼既會出現在雨過天晴後，又會出現在瀑布上，同時還會出現在露珠上呢？原來是穿過水珠的光線，而這正是這三種場景的共同之處。藉由尋找這個共同之處，人們找到了彩虹出現的原因。這就是「求同法」。

2. 求異法

　　有一段時間，我晚上有時候很容易入睡，有時候又比較難入睡。我深受困擾，想搞清楚其中的緣由。於是我開始做紀錄，對每個白天和晚上做的事情都做了比較詳細的紀錄。然後我有了一個發現：我做的大多數事情都一樣，但有一個

不同。有時，我會在晚上睡覺前看電視劇或電影；有時，我會在晚上入睡前看書或做瑜伽。當我選擇在睡前看電視劇或電影時，我就比較難入睡；相反地，當我選擇在入睡前看書或做瑜伽時，我就會非常迅速地入睡。可見，睡前看電視劇或電影就是我很難入睡的根源。這就是「求異法」。

3. 求同求異法

　　一個醫療團隊為了了解地方性甲狀腺腫大的原因，先到幾個這種病流行的地區巡迴調查。結果他們發現這些地區的地理環境、經濟水準都各不相同，但有一點是相同的，即居民經常食用的食物和飲用的水中缺碘。醫療團隊又到一些甲狀腺腫大病不流行的地區去調查，結果發現這些地區的地理環境和經濟水準也各不相同，但有一點是相同的，即居民經常食用的食物和飲用的水中不缺碘。

　　綜合以上調查情況，醫療團隊認為，缺碘是甲狀腺腫大的原因。後來，他們對甲狀腺腫大的病人進行補碘治療，果然療效甚佳。

　　醫療團隊在那些疾病流行的地區調查，發現了一個共同點；他們又到那些疾病不流行的地區調查，又發現了一個共同點。接著，再將這兩者進行比較，醫療團隊就找到了疾病

流行的原因。這就是「求同求異法」。

4. 共變法

　　共變法說的是在其他條件不變的情況下，如果一個現象發生變化，另一個現象隨之變化，那麼前一個現象就是導致後一個現象產生的原因或部分原因。

　　比如，氣溫上升了，放置在器皿中的水銀體積就膨脹了；氣溫下降了，水銀體積就縮小了。這就提醒我們：氣溫與水銀體積之間可能存在著因果關係。

　　再比如，一定壓力下的定量氣體，溫度升高、體積增大，溫度降低、體積縮小。氣體體積與溫度之間的共變關係，就是在提醒我們：氣溫與氣體體積之間可能也存在著因果關係。

　　然而，使用共變法時要注意，不能只憑簡單的觀察來確定共變的因果關係。有時兩種現象共變，但實際上並無因果聯繫，可能兩者都是另一個現象引起的結果，例如閃電與雷鳴。所以我們只能說，這種共變是在提醒我們，它們兩者之間可能存在著因果關係；我們不能說，因為共變關係的存在，所以它們兩者之間一定是因果關係。

5. 剩餘法

一些天文學家在觀察天王星的運行軌道時，發現它的運行軌道和按照已知行星的引力計算出來、它應該運行的軌道不一樣，發生了幾個方面的偏離。

經過觀察分析，天文學家發現，其中幾個方面的偏離是由已知的其他幾顆行星的引力所引起的，而有一個方面的偏離原因不明。

這時天文學家就考慮到：既然天王星運行軌道的各種偏離都是由行星的引力所引起的，現在又已知其中幾個方面的偏離是由另外幾顆行星的引力所引起的，那麼剩下的一處偏離必然是由一個未知行星的引力所引起的。

後來，天文學家和數學家據此推算出了這個未知行星的位置。1846 年，他們按照這個推算的位置進行觀察，果然發現了一顆新的行星——海王星。

這就是剩餘法。

一般來說，剩餘法只能用於研究複合現象的原因。

方法二：5Why 提問法

什麼是 5Why 提問法？

它是藉由不斷提出「為什麼」，從而幫我們找到導致問

題出現的整個因果鏈的方法。就像是一個一頭向下、不斷深入的電鑽，這種方法能幫我們將包裹在問題上的那些表層雜物清理乾淨，讓問題露出它本來的樣子。

我們都知道，導致問題出現的原因往往是一個因果鏈：A導致了B的發生，B導致了C的發生，C導致了D的發生，D又導致了E的發生。所以，在看到E時，如果我們只追問到D這一層，就是沒有找到問題的根源所在。這時我們就得「提問」再「提問」，直到找到問題的根源，也就是下面這條「因果鏈」中的A。

圖 2-4　導致問題出現的因果鏈

雖然是要追問5個「為什麼」，但使用5Why提問法時並不限定於只能做「5次為什麼」的探討。因為5Why提問法的根本目的是要找到問題的根本原因，所以可能兩三次就問出來了，也可能要問八九次才能找到。

那麼，5Why提問法的關鍵是什麼呢？

避開主觀假設，從結果開始，沿著因果關係的鏈條，直到找出原有問題發生的根本原因。

那 5Why 提問法又該怎樣使用呢？

先來看看企業家大野耐一的 5Why 提問實例。

有一次，大野耐一看到生產線上的機器總是停擺，雖然修過多次但仍不見好轉，便上前詢問現場的工作人員。

問：為什麼機器停了？（1Why）

答：因為超過負荷，保險絲就斷了。

問：為什麼超負荷呢？（2Why）

答：因為軸承的潤滑不夠。

問：為什麼潤滑不夠？（3Why）

答：因為潤滑泵吸不到油。

問：為什麼吸不到油？（4Why）

答：因為油泵軸磨損、鬆動了。

問：為什麼油泵軸磨損了？（5Why）

答：因為沒有安裝篩檢程式，潤滑油裡混進了鐵屑等雜質。

經過這樣連續五次問「為什麼」，他找到了問題發生的真正原因（潤滑油裡混進了雜質）和真正的解決方案（在油泵軸上安裝篩檢程式）。由現象推論出其本質，並由此找到解決問題的方案，這就是 5Why 提問法。

　　20 世紀 80 年代，美國政府發現華盛頓的傑佛遜紀念館受酸雨影響損壞嚴重，於是請了一家諮詢公司來調查。下面是顧問公司與大樓管理人員的一段對話。

　　問：為什麼傑佛遜紀念館受酸雨影響比別的建築物更嚴重？（1Why）

　　答：因為清潔工經常使用清潔劑進行全面清洗。

　　問：為什麼經常清洗？（2Why）

　　答：因為有許多鳥在此拉屎。

　　問：為什麼會有許多鳥在此拉屎？（3Why）

　　答：因為這裡非常適合蟲子繁殖，這些蟲子是鳥的大餐。

　　問：為什麼這裡非常適合蟲子繁殖？（4Why）

　　答：因為裡面的人常年拉上窗簾，陽光照射不到裡面，陽臺和窗臺上的塵埃非常適合蟲子繁殖。

拉開窗簾，傑佛遜紀念館的問題就這麼輕易解決了。

深層原因　　　　　　　　　　　　　表層原因　　現象或結果

裡面的人常年關窗簾	此處適合蟲子繁殖	很多鳥在此拉屎	清潔工常用清潔劑清洗	酸雨嚴重侵蝕紀念館

圖 2-5　用 5Why 提問法找到問題的根源

方法三：結構性分析法

「穆勒五法」並不複雜，5Why 提問法用起來也十分簡單，那我們是否可以用這兩種方法找到所有問題的根源呢？答案是不行。為什麼？這是因為我們身處的真實世界非常複雜，導致問題出現的原因常常不是單一的，而是複合性的。所以，除了「穆勒五法」和 5Why 提問法，我們還需要更複雜的分析方法。只有借助這些分析方法，我們才有可能找到複雜問題的真正根源，並據此找到問題的根本解。

豌豆莢的聯合創始人王俊煜說，豌豆莢犯過一個很大的錯誤，他錯誤地解讀了豌豆莢那兩年的快速發展，也就是 2012 年和 2013 年，發展那麼快的真正原因是什麼。如果現在回頭看，當時豌豆莢發展速度如此之快，包括在 2014 年 1 月豌豆莢獲得 1 億多美金融資的真正原因，其實是「大勢」。當時智慧手機發展速度極其迅猛，Google 退出中國後，安卓手機上沒有好的 App，所以豌豆莢就脫穎而出了。當然，豌豆莢也有一些其他做得很好的地方，比如非常重視工程師和產品等。這些確實也發揮了作用，但都不是決定性的。

導致這個錯誤認知產生的原因是什麼？其實正是過於簡單的歸因。

除了重視工程師、產品等，還有什麼原因會使豌豆莢當

年能夠飛速發展？其實，重視工程師、產品等都只是「點」的作用，我們還要看到「線」和「面」的作用。事實上，我們不僅要看自己做了些什麼，還要看大勢所趨、人心所向。

然而，究竟怎樣才能看到「大勢」，或者說整體和系統呢？

最重要的兩個方法是結構性分析法和系統性分析法。前者是用靜態的方法去看整體，後者是用動態的方法去看整體。

在介紹結構性分析法之前，我們先來看看什麼是「結構」。

1. 什麼是結構

不必把它想得那麼複雜。結構隨處可見，比如，你的背包、衣櫥、廚房都有結構。

所以，在購買衣櫥時，你會發現每個衣櫥裡都被劃分成多個空間，有些空間大，有些空間小。於是在使用時，你會將那些大衣掛在大空間裡，將內衣放在小空間裡。

但是，如果你買的衣櫥沒有這些空間劃分，會出現怎樣的情景呢？

恐怕你就只能將各種衣服一股腦兒地塞進去。光是想像一下，就會覺得很難受吧。

這就是結構的作用，它能化繁為簡，化混亂為整齊。

2. 結構性分析法是什麼

如果要講結構性分析法，就要講到金字塔原理。因為結構性分析法能夠將事物從無序轉變為有序，從混沌轉變為清晰，其中要遵循的一個原則就是金字塔原理。

金字塔原理有三大規則。

規則一，任何一層的內容都是下一層內容的總結。打個比方，如果下一層是 A 菜、菠菜等，那麼上一層的內容就應該是對它們的總結──蔬菜，而不是蛋白質。

規則二，同一層的內容必須具有相同的特徵。打個比方，如果上一層的內容是蔬菜，那麼下一層的內容就是 A 菜、菠菜等，不能將香蕉放進來。因為香蕉並不是蔬菜，與菠菜、A 菜等並不具有相同的蔬菜特徵。

規則三，同一層的內容必須按照一定的邏輯順序排列。打個比方，如果 A 菜、菠菜放在同一組，按什麼順序排列呢？這就需要確定邏輯順序，比如，你可以按蔬菜價格的高低來排列，也可以按它們的英文首字母來排列。

如果用金字塔原理，也就是結構性分析法來思考問題的根源，就會出現下面這張圖。

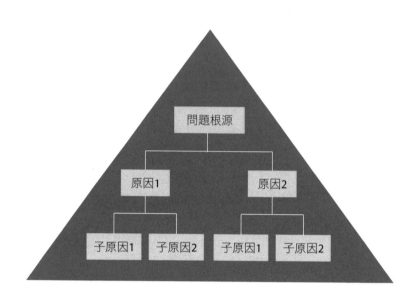

圖 2-6 分析問題根源的金字塔結構

這就是一個用於分析問題根源的金字塔結構，它由縱向和橫向兩種子結構組成。

- 從縱向來看，最頂端的是需要分析的問題根源，下一層是這個問題所有可能的原因，再下一層是支持這些不同原因的各種子原因。

- 從橫向來看，每一層原因都需要具有相同的特徵，並按照一定邏輯順序排列，且最好能夠符合MECE法則。

MECE是「相互獨立、完全窮盡」的意思。金字塔結構中每一層級的原因和子原因都得符合這個原則，它們之間「不

能交叉，也不能有遺漏」。

圖 2-7　MECE 法則

　　比如，我們可以把人的性別分為男性和女性，這就符合 MECE 法則。因為這個世界上除了男性就是女性，而且要麼是男性，要麼是女性。

　　但是，如果我們將人分為了男人和小孩，就不符合 MECE 法則了，因為還有女人，這就出現了遺漏，而且還有交叉，因為小孩可以是男人，也可以是女人。這就是既有遺漏，又有重疊，所以不符合 MECE 法則。而金字塔結構中每一層級內的所有內容都應符合 MECE 法則。

3. 如何用結構性分析法尋找問題的根源

　　在理解了金字塔原理的三個核心要求之後，我們就來看看如何用結構性分析法尋找問題的根源。

　　假如最近一段時間，你有一項工作沒做好，這時你想知道原因是什麼，就可以用以下框架對問題的原因進行結構性分析。

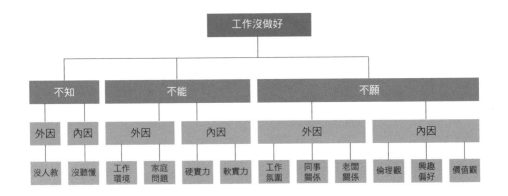

圖 2-8　對「工作沒做好」這個問題根源的結構性分析

　　具體是這樣做的，先將原因拆分為：「不知」（知道或不知道）、「不能」（有能力或沒能力）和「不願」（願意或不願意），然後再將每一個原因拆分為「外因」和「內因」。最後，再將每一個外因和內因按照 MECE 法則拆分為更多的「子原因」。

　　接下來，我們需要找到最重要的原因：最近這段時間，你有一項工作沒做好的原因究竟是哪一個或哪幾個呢？

　　藉由這個金字塔結構，你會發現，自己最近工作沒做好

的原因可能主要有兩個：一是「軟實力」，即自己在溝通能力上有問題，所以在專案執行上，自己沒能與團隊成員好好溝通；二是「興趣偏好」，自己對最近這個項目不是很感興趣，所以動力不足。當找到根源後就能對症下藥，解決問題。

可見，結構性分析法能讓我們看到導致問題發生的所有可能：我們不僅能看到外部原因，還能看到內部原因；我們不僅能看到能力原因，還能看到動力原因。於是，我們對問題進行分析時就能避免簡單歸因，從而避免判斷錯誤和決策倉促。

同時，為了能更全面地分析問題發生的原因，我們還需要不斷收集原因分析的結構性框架。比如一些通用的框架，像「內因、外因」框架，「不知、不能、不願」框架，「宏觀、中觀、微觀」框架等。並且，我們還可以收集一些不同專業領域的結構性分析框架，比如，市場行銷中的 4C 框架、4P 框架[2] 等。

那麼，假如此時你忽然發現在這些子原因中有好幾個原因都很關鍵，而且它們之間似乎還存在某些關聯，怎麼辦？比如，之前有段時間我常常早醒，於是我就用這個結構性分

---

2 4C：消費者（Consumer）、方便（Convenience）、成本（Cost）、溝通（Communication）；
　 4P：產品（Product）、通路（Place）、價格（Price）、促銷（Promotion）。

析法做了如下思考：首先，我把早醒的原因分成了兩大類：
外因和內因；其次，我對外因和內因進行了進一步拆解，將
外因拆分為兩個子原因：睡眠環境和睡眠設備，將內因拆分
成三個子原因：生理因素、心理因素和干擾因素；最後，我
的拆解使每一層級都符合 MECE 法則。於是，我就得到了以
下這幅圖。

　　從這幅圖中，我找出了那些對「早醒」有影響作用的因
素，並且將主要原因圈了出來，它們都是導致我睡覺早醒的
原因。由此我們可以看出，導致早醒的原因不是單一的，而
是多元化的，是複合性原因。

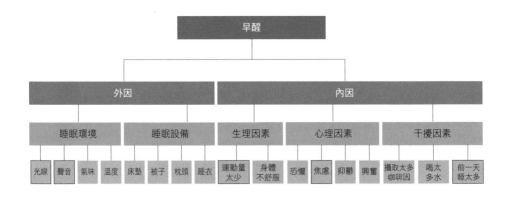

圖 2-9　對「早醒」這個問題根源的結構性分析

　　那麼，在這些原因中到底哪些是主要原因呢？我發現，

關鍵還是內因。如果內因消除，即便存在外因，我也不會早醒。就算有點早醒，只要我戴上眼罩和耳塞，也能很快再次睡著。所以，內因才是導致早醒的主要原因。

於是，我又特別看了看這三個被圈出來的內因：運動量太少、焦慮、前一天睡太多。忽然，我發現它們之間存在某種關聯：前一天睡太多的原因是再前一天早醒（因為早醒，所以感覺特別睏，所以那天就補眠了，結果一下子補多了，睡了10個小時）；那天睡太多，所以我的工作時間就被壓縮了；為了把手頭的工作做完，那天我就取消了運動；可即使是取消了運動，工作也沒能全部做完。於是，直到睡覺前一刻，我還在思考問題，這就引發了我的焦慮，導致了第二天的早醒。如此，我就進入了惡性循環。

由此可見，這些原因已經形成了一個動態循環。這時，靜態的結構性分析法已經不夠用了，我們需要運用第四種非常重要的分析方法來找到問題的根源，那就是系統性分析法。

所以說，當子原因之間存在某些關聯，有相互作用以及動態變化的時候，我們就要用系統性分析法去思考問題了。

結構性分析法與系統性分析法之間有一個很明顯的區別，就是動態性。兩者都是從整體去看問題，但結構性分析法是靜態的分析，而系統性分析法則是動態的分析。

方法四：系統性分析法

在談系統性分析法之前，我們先來看看什麼是系統。「系統」這個詞聽來好像有點複雜，但其實它無處不在。你的身體就是一個大大的系統，血管、心臟、大腦、肌肉、骨骼等構成了你的身體這個非常複雜的系統；而其中每一個器官又是一個小的系統。

你喜歡的足球隊也是一個系統，它的元素包括球員、教練、場地、足球等，它們之間藉由遊戲規則、教練指導、球員技能、球員之間的交流，以及物理法則等產生連結。因此，當這個球隊輸球的時候，你不能將所有問題都歸到一個球員身上；而當這個球隊贏球的時候，你也不能說這只因教練一人之力。因為它是一個系統，所以你得從系統的角度去看待它的輸與贏。

那麼，系統又有怎樣的特徵呢？到底怎樣的結構才能被稱為系統呢？

1. 系統的三個特徵

第一，系統是由元素組成的。以學校這個系統為例，在學校中，有老師、學生、教室、操場，這些元素就是系統的組成部分。元素是一個系統中最為明顯的事物，但又可能是

最不重要的，因為它們常常是可替換的。正所謂「鐵打的營盤流水的兵」[3]，學生來了又走，老師、校長都可以換，但元素雖然變化了，學校還是這個學校，系統還是這個系統。

第二，元素之間存在著一定的關係。在學校這個系統中，老師與老師、老師與學生、學生與學生之間還有著一定的關係，這些關係可以是上下級或平等的關係，也可以是規則和物理定律。元素可以隨時調換，但關係往往不變。所以，想要真正理解一個系統的運作機制，你就得了解不同元素之間的關聯式結構。

第三，系統具有一定的目的性，都要實現某種功能。在學校這個系統中，系統存在的目的是教育學生。但實際上，有的系統的功能往往不明顯，有時候表面上是這個功能，實際上可能是另外一個功能。

2. 理解系統的三個關鍵

第一，是存量和流量。什麼是存量？存量是儲存量、數量，或是物體、資訊在一段時間內的累積量。它可以是浴缸裡的水、人口的數量、書店裡的書、樹木的體積、銀行裡的錢；

---

3 鐵打的營盤流水的兵：中國俗諺，原本是用來形容部隊裡的現象（營區是固定的，但士兵卻會像流水般來來去去），後來引申為離別，例如畢業、退伍等。

也可以是非物質的，比如你的自信心、愛心、對未來的希望等。流量則是一段時間內改變的狀況。比如，浴缸裡流進或流出的水量、出生或死亡的人數、買入或賣出的數量、存入或取出的金額等。所以，對於賺錢系統來說，如果你想讓系統裡的存量增加，那就得讓流入量大於流出量，也就是賺的要比花的多。

第二，是迴路。比如，兩個小孩發生了爭執，高個子的推了矮個子的一下，矮個子的也回推了高個子的一下；前者很是惱怒，於是就給了後者一拳，後者不甘示弱，也給了前者一巴掌；前者更加憤怒，狠狠地踢了後者一腳，後者也踢了前者一腳。就這樣，打架逐漸升級，兩個小孩從互相推擠變成了拳打腳踢。這就是迴路。

迴路有兩種，一種是上面這種的，叫增強迴路。它的特點是，要麼讓事態朝越來越好的方向發展，要麼讓事態朝著越來越糟的方向發展。因此，就會產生兩種可能，要麼是指數型增長，要麼是加速崩潰。它有著自我強化的本領。

流感傳播就是一個增強迴路。因為病毒可以藉由呼吸道傳染，所以得病的人越多，流感的傳染性就越大；而傳染性越大，流感患者就越多……於是，流感最終變成了一場全球性的疾病。這就是指數型增長。

那麼，什麼是加速崩潰呢？

你的自信心越低，你工作時就越容易出錯；而你的工作越是錯誤百出，你的自信心就會越低。

這兩種都是「增強迴路」。

除了增強迴路，還有一種迴路，叫調節迴路。調節迴路的趨勢正好與增強迴路相反，增強迴路是越強則越強、越弱則越弱；調節迴路是強則調回來，弱也能調回來。所以，不論系統存量的初始值怎樣，也不管它是高於或低於目標狀態，調節迴路都能將它調整到目標狀態。比如，你的身體對血糖濃度的調節就是調節迴路。調節迴路總能讓系統回到正軌上，它有著自動歸位的本質。

所以，調節迴路的變化是慢慢趨於穩定的，如果這個迴路呈現下降趨勢，開始時會下降得很快，但隨著時間的推移，下降的速度會越來越慢，最終不再下降，達到一個穩定的平衡狀態；如果事情呈現上升趨勢，開始會上升得很快，但隨著時間的推移，上升速度也會越來越慢，最終不再上升，而是達到一個穩定、平衡的狀態。這就是調節迴路在發揮作用。

在一個真實的系統中，往往會存在多個增強迴路和調節迴路。增強迴路讓系統或增長或崩潰，反正就是要偏離平衡；調節迴路則在盡力保持著系統的穩定。所以，當它們在一起

時，系統的表現就會精彩紛呈了。

　　第三，是延遲。相信你在洗澡時，常會遇到這種情況：剛開始時，流出來的水有點冷，你把水龍頭調了調，還是有些冷，於是你又調了調，誰知水很快就變燙了，燙得不能洗澡。為什麼？這是因為系統本身具有延遲性。當你調節系統中的某個「閥門」時，它的反應有一定的時滯，不會立刻產生結果。所以，有時就會出現像調水溫這樣的「調節過度」現象。

　　這也是為什麼當我們說努力就會有回報的時候，自己其實常常也會陷入糾結，不知道到底是該繼續堅持，還是乾脆放棄，因為你還沒有看到那個「回報」。這就是系統的「延遲」。

3. 如何在系統中找到問題的根源

　　在介紹了系統的特徵，以及理解了系統的三個關鍵後，現在就讓我們來看看，到底什麼是系統性分析法，又該如何用系統性分析法找到問題的根源。

　　系統性分析法的本質是：不用線性分析的方式，比如用5Why提問法去看待你眼前的問題；也不用靜態分析的方法，只看元素而看不見元素之間的關係。相反地，你要用整體的、

動態的方式去看待眼前的問題，不僅看到元素，還要看到元素之間的聯繫，從而找到問題的根源。

用一句話來說就是：你得藉由對系統結構的深入理解和分析，找到導致系統問題的根本原因。

具體要怎麼做呢？

這個方法就是畫圖，畫出系統循環圖表。然後從圖中找到問題的根源，並找到問題的根本解。

想要畫好這個圖並非易事，但也沒有想像中的那麼難。先來說說畫圖的規則。

A. 兩個元素之間的關係是因果關係。一共有兩種因果關係：正向的因果關係（S）和反向的因果關係（O）。

B. 當這些因果關係形成閉環的時候，就形成了我們剛才所說的「迴路」。迴路一共有兩種：一種是增強迴路，一種是調節迴路。

C. 當一個迴路中有偶數個（零也算）反向的因果關係（O）時，這個迴路就是增強迴路；當一個迴路中有奇數個反向的因果關係（O）時，這個迴路就是調節迴路。

D. 所有連續的閉合迴路，要麼是增強迴路，要麼是調節迴路，沒有第三種。

那麼現在，我們就用最簡單的例子來看一看如何畫一幅

系統循環圖表。

如果你要畫一個資本投資系統，該怎麼畫呢？

你的資本越多，能做的投資就越多，這是一個正向的因果關係（S）；投資越多，你獲得的資本就越多，這也是一個正向的因果關係（S）。它們形成閉環時，就構成了資本投資系統的增強迴路。

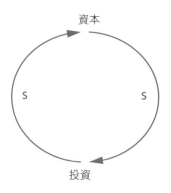

圖 2-10　一個增強迴路的例子

假如你要畫一個草原上兔子與狼的生態系統，又該怎麼畫呢？

當草原上兔子數量增加的時候，因為食物變得豐富，狼的數量也會增加，這是一個正向的因果關係（S）。當狼越來越多的時候，就會吃掉越來越多的兔子，於是兔子的數量就

會減少，這是一個反向的因果關係（O）。它們形成閉環時，就是一個調節迴路。

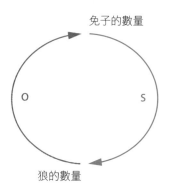

圖 2-11　一個調節迴路的例子

　　這就是最簡單的系統循環圖表。從系統循環圖表中，我們能夠清晰地看到一個系統的結構。而藉由分析一個系統的結構，我們就能發現系統問題產生的真正根源。這就是思考問題根源的系統性分析法。

　　接下來，我們再看幾個藉由系統性分析法找到問題根源的例子。

　　例子 1：為什麼小孩打架總是愈演愈烈？

　　兩個小孩發生了爭執，高個子的推了矮個子的一下，矮個子的又推了高個子的一下；前者很是惱怒，於是就給了後

者一拳，後者不甘示弱，也給了前者一巴掌；前者更加憤怒，狠狠踢了後者一腳，後者又給了前者一腳。就這樣，兩個小孩的打架逐漸升級，從互相推擠變成拳打腳踢，直到把對方打出血，衝突不斷升級。

藉由系統性分析法，我們很快就能看出，衝突不斷升級的根源是兩個孩子之間已經形成了一個增強迴路。

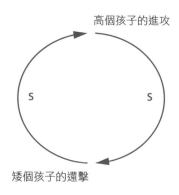

高個孩子的進攻

S　　　　S

矮個孩子的還擊

圖 2-12　為什麼打架會升級

那麼，如果你是其中一個孩子的家長，這時你該怎麼辦呢？你應該主動切斷兩個小孩之間的增強迴路，而不是推波助瀾，幫著自己的孩子欺負另一個孩子。而且，即使眼前取勝，等另一個孩子的父母也參與進來時，就很容易演變成另一個更加強烈的增強迴路。

例子 2：為什麼會有自信死結？

我是一名優勢教練和個人成長教練，遇到過各式各樣的人，也遇到過一些完全喪失自信的人。

工作沒做好、創業失敗、親密關係中被分手，每發生一次，一個人的自信心就會受到一次打擊；每次自信心被打擊後，一個人就更可能在工作、創業和親密關係中表現糟糕；而這種表現所帶來的周圍人的回饋與評價，會讓一個人越來越沒自信。就這樣，這個人最終進入了一個看起來難以破解的「自信死結」。

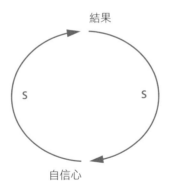

圖 2-13　自信死結

其實，不論導致他們自信心喪失的具體原因是什麼，有一點是相通的：他們都進入了一個增強迴路，而這個增強迴

路就是自信死結發生的根源。

　　之前我們說過，增強迴路只會帶來兩種結局：要麼是指數增長，要麼是加速崩潰。當它朝著好的方向發展時，就是指數增長；當它朝著壞的方向發展時，就會讓一個系統在短期內走向崩潰。「自信死結」就是一個朝著壞的方向發展的增強迴路。

　　一個人越是沒有自信，工作就越是會出錯，創業就越容易失敗，親密關係也越容易出問題；而工作越是出錯，創業越是失敗，親密關係越是出問題，一個人就越是沒自信。

　　那麼，這時我們該怎麼辦呢？有兩種方法。

　　第一種方法是，找到一個能夠重建自信的最小行動，然後去做。藉由這一點小小的火苗，得到一些正向回饋，然後增加這個最小行動的難度，得到更多正向回饋，直至最終重建自信。這個方法的本質是替這個「自信死結」的增強迴路增加一個輸入懸擺，這個懸擺就可以是一個小小的工作成果，而它能為自信心帶來一段增強迴路，讓不斷被削弱的自信心恢復如初。

　　那麼，什麼是懸擺？懸擺共分兩類：一類是輸入懸擺，一般用來表示期望達到的目標，或者是來自系統外部的驅動或限制因素，又或者是用來確定外部變數數值的具體參數；

另一類是輸出懸擺，它表示整個系統運作的結果。

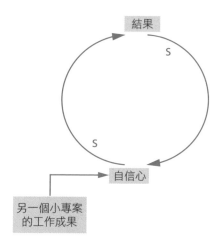

圖 2-14　打開自信死結的一個方法

　　第二種方法是，深刻認識並啟動自己的天賦才幹。當真正啟動了自己的天賦才幹後，你就會找回久違的自信，然後這種自信又會讓你在本職工作中取得更大的成就。這個方法的本質也是替這個增強迴路增加了一個懸擺，這個懸擺就是對於自己天賦才幹的認可與啟動，而它能為自信心帶來一段增強迴路，讓不斷削弱的自信心恢復如初。這裡的「對天賦才幹的認可與啟動」就是來自系統外部的驅動因素，是一個輸入懸擺。

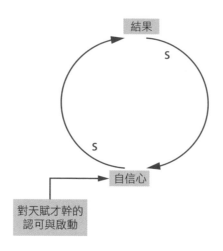

圖 2-15　打開自信死結的另一個方法

例子 3：為什麼有些人越忙越窮？

有一天，有個人問我說，他一直在做薪資很低的工作，為了多賺點錢，他就馬不停蹄地加班。雖然他很想去上課學點知識，或者考個證照，然後換一份工作，但自己卻沒有時間。可是如果辭職了，他又沒錢養活自己，也就沒錢去學習和考證照了。於是，他就一直做著現在這份非常忙碌卻沒有時間的工作，但他也不想就這樣下去，問我該怎麼辦。

這個問題乍一看似乎是個死局，但如果你有系統思考的習慣，你可能一眼就看出這個系統的結構了。你很快就能找到這個問題發生的根源，並能找到問題的根本解。

　　因為現在的工作薪資低，所以就只能靠增加工作時長增加收入（O）；因為每天工作時間長，所以可學習的時間就很少（O）；可學習的時間少，就沒辦法讀書、考證照、換工作，於是就沒辦法提升自己的技能與學歷（S）；沒辦法提升技能、拿到學歷，於是就只能找薪資很低的工作（S），然後繼續窮下去。

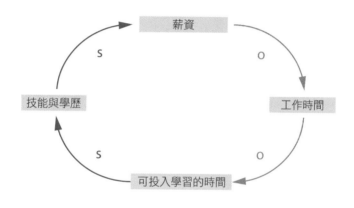

圖 2-16　為什麼會越忙越窮

　　這個系統顯然是一個由增強迴路控制的系統。他該如何打破這個死局呢？其實，他可以試著減少現在的工作時長，雖然這會讓他的薪資變少，但只要能滿足他的基本生活，並且能夠讓他讀書就行了。然後，他就可以用週末和業餘的時間去讀書了。這樣，等他拿到證書，就有機會打破這個迴圈了。當然，打破這個迴圈的過程會非常辛苦，但卻值得。

例子 4：為什麼越批評越犯錯？

有一位來訪者跟我說，有一次她的孩子沒有考好，她狠狠地批評了她。誰知道從那以後，孩子的成績不但越來越差，對學習也越來越沒興趣了。

當她回憶整個過程時，她發現，其實是這次批評讓孩子進入了一個系統迴圈之中：因為這個孩子是個比較膽小的孩子，所以父母對她的嚴厲批評讓她總是感到十分緊張，讀書時緊張，考試時緊張，做作業時也緊張（S）；而緊張的情緒降低了她的學習能力與解題能力（O）；能力的下降則使她出現了更多的錯誤，做作業出錯，考試出錯，記不住東西等（O）；於是，父母由此對她進行了更多的批評（S）。這就構成了一個增強迴路。

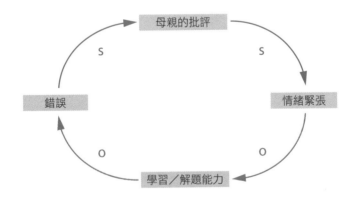

圖 2-17　為什麼越批評越出錯

現在，根據這個系統結構，我們來思考一下：如何打破這個困局？

這時，母親要停止批評，多進行鼓勵與傾聽，讓孩子不再感到緊張。這樣，這個「走向崩潰」的增強迴路才能被打破。

例子5：為什麼會達到增長的上限？

很多企業家都碰到過這樣的問題：企業已經有了滿意的客戶群，銷售收入和利潤也在過去很長一段時間內持續增加，然後企業家就將部分利潤投入研發，這為企業帶來了更多滿意的客戶，企業規模不斷增長。但不知為何，不論企業家多麼努力，這個增長到達一定程度後就會停止，不再繼續增長。

這個問題的根源是什麼？為了找到這個問題的根源，我們先來畫一個系統循環圖表。

在企業家的心裡，這個系統應該是這樣的：因為滿意的客戶群足夠大，並且在不斷增長，所以企業就能有不斷增加的銷售收入（S）；不斷增加的銷售收入會帶來越來越多的利潤（S）；然後，企業就有了更多的可投入資金，以用於研發（S）；進而，企業就會有更多滿意的客戶群（S）。這是一個增強迴路。

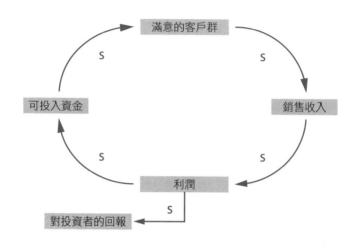

圖 2-18　理想中的利潤增長

　　然而，現實卻告訴我們，實際的發展狀況並非如此。某些在現實生活中可能出現的事件並未體現在這個系統裡。比如，所有市場的容量都是有限的，因此，系統還應考慮到「市占率」以及「市場規模」這兩個因素。如果把這兩個因素考慮進去，對於任何一個既定的滿意客戶群，市場總規模越大，市占率就越小（這是因為，市占率＝滿意的客戶群／市場總規模）。同時，大多數業務的特徵是，隨著市占率的上升，吸引新客戶的工作會逐漸變得困難。於是，就有了下面這張系統循環圖表。

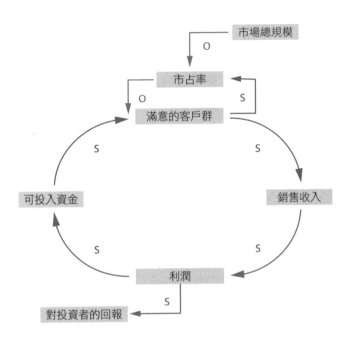

圖 2-19　考慮到「市占率」和「市場總規模」後的利潤增長

其中，「市場總規模」是輸入懸擺，它代表著來自系統外的限制。「對投資者的回報」則是輸出懸擺，代表著整個系統的目標。

事實上，除了市場總規模外，還有很多因素可能會限制企業的增長。比如，當你所處的行業或細分市場利潤很高的時候，勢必會有越來越多的競爭者被吸引過來。他們會迅速進入這個市場與你進行爭奪，於是就有了一個 O 形懸擺。

　　此外，如果你的企業做到像 Google、微軟那樣，你就會有新的麻煩。比如，很多國家都有反壟斷法案，以限制某個企業占據過多的市占率。這就是一個 O 形輸入懸擺。

　　於是，就有了下面這幅圖。

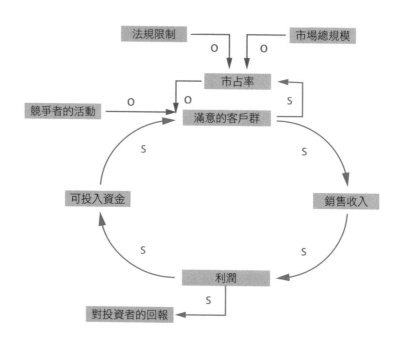

圖 2-20　考慮到「競爭者的活動」和「法規限制」後的利潤增長

　　這就是真實世界中存在的三種外在限制：競爭者、市場總規模、法規限制。在系統中，這三種外在限制都用輸入懸擺來表示。

　　但實際上，企業還面臨著內在的問題。當一家企業的市
占率擴大以後，企業的內部規模也得以擴大。其結果就是業
務管理變得越來越困難，各種低效率現象開始出現，系統逐
漸變得笨重，內部的交流溝通遭到破壞……這些低效率引發
的額外成本降低了企業利潤，並限制了企業成長。

　　於是，就有了下面這幅圖。

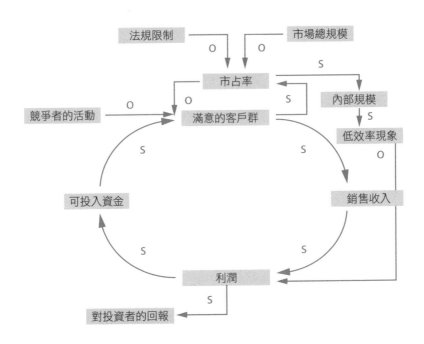

圖 2-21　考慮到「內部規模」後的利潤增長

　　寫到這裡，還沒結束。某些低效率現象可能還會妨礙將貨物交付給零售商或客戶的過程，從而降低銷售收入，並和由低效率現象引發的額外成本一起降低利潤。而由此導致的客戶服務惡化可能也會對原有的滿意客戶群產生不良影響。

　　於是，就有了下面這幅圖。

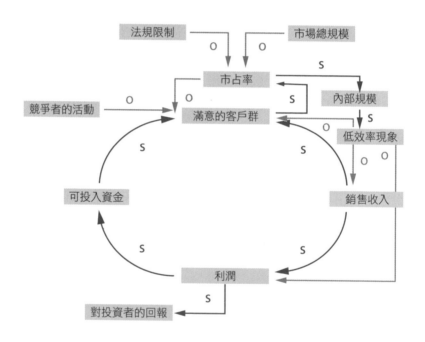

圖 2-22　為什麼會達到增長的上限

　　可見，作為一家企業的管理者有一項非常重要的工作，就是要去了解到底是什麼阻礙了企業的發展──其實正是這

個系統的結構。在找到問題根源後，企業管理者就要在合法範圍內想辦法解除這些「調節迴路」的束縛，消除它們的影響，讓最初的增強迴路占據上風。

所以，想要藉由系統性分析法找到問題的根源，我們就得用系統循環圖表畫出系統結構。這樣，我們才能看到系統究竟是怎樣運作的——其中的增強迴路是怎樣的，調節迴路是怎樣的，懸擺是怎樣的，時滯又是怎樣的。

當我們能夠看清整個系統的結構與運作模式時，問題的根源自然就會水落石出，而問題的解答也會變得更為清晰。

找到現象背後底層邏輯的假設法

請先思考一個問題：全世界為何會有那麼多形形色色的企業？只有一家企業或是每個行業只有一家企業不行嗎？答案是：不行。這是因為隨著企業規模的擴大，企業內部的交易成本會不斷上升，當企業內部的交易成本上升到超過外部交易成本時，企業就會停止擴張。這就是為什麼會有這麼多不同企業的原因，這涉及有名的經濟學概念：交易成本。

不要小看「交易成本」這個詞，它能解釋很多現象。比如，當市場交易成本高於企業內部的管理協調成本時，企業

便產生了。企業的存在正是為了節約市場交易成本，即用成本較低的企業內部交易代替成本較高的市場交易。因此，我們可以說，是交易成本與管理成本的對比，確定了一家企業的邊界。交易成本越低的事，就越應該外部化；管理成本越低的事，就越應該內部化。

同時，交易成本理論也告訴我們，為什麼企業併購會有很多失敗案例。這是因為，併購失敗這件事從根本上來看，往往都是由於併購雖然讓外部市場的加乘作用上升，但同時也會讓企業內部的交易成本上升。

這就是由諾貝爾經濟學獎得主寇斯提出的交易成本理論，你知道他是如何提出的嗎？寇斯先做了很多企業研究，調查了一批美國企業「在什麼情況下購買、在什麼情況下自行製造」的實例。然後，他對這些實例進行了歸納，得出以下結論：如果企業為購入要素自己製造而支付的費用低於它直接從事產品買賣的費用，企業就自己製造；反之，企業則購買。最後，寇斯從這個結論中抽象出了一個可以用來解釋更大世界中企業行為的經濟學概念，那就是交易成本。在整個過程中，我們可以看到，經濟學家寇斯正是用先歸納後抽象法得出交易費用這個底層邏輯的。

總之，我們可以先歸納，再抽象，然後對現象背後的底

層邏輯做出大膽的假設。

在使用先歸納後抽象法時，我們還需注意兩件事情。

第一，**防止過度抽象**。一般來說，抽象程度越高，得出的底層邏輯的普適性就越高，但它的實際指導性也會變弱。

第二，**注意區分隨機事件與規律性事件**。雖然從現象中找到底層邏輯至關重要，但必須區分這些現象到底是隨機事件，還是非隨機事件。如果是隨機事件，是不可能有規律可循的。

比如，1940 年的倫敦大轟炸。當時，倫敦在德軍導彈的攻擊下損失慘重。倫敦的報紙公布了所有受到轟炸的地點之後，人們發現，有些地區反覆受到轟炸，有些地區則毫髮無損。這對英國人來說是一件非常恐怖的事，因為這意味著德國導彈的精度非常高，指哪兒打哪兒，可以對準一個地方進行反覆轟炸。很多倫敦老百姓覺得，那些沒被轟炸的地區可能是德國間諜居住的地方，於是，很多人開始搬家。可是，戰爭結束後，英國人獲知的真相是，德國當時的導彈精度差得很，他們只能大概把導彈投向倫敦，根本無法控制落點。也就是說，倫敦各個地區受到的轟炸完全是隨機的，那些地區之所以被反覆轟炸只是因為碰巧而已，並無道理可言。

03 /

小心求證
若得不到證明，重新假設，再次求證

　　為什麼在醫院看病時，患者經常需要做檢查（比如驗血、驗尿、超音波、做電腦斷層掃描等）？這是因為，醫生需要藉由這些檢查對自己給出的疾病假設進行充分的驗證。完整的步驟是這樣的：首先，醫生會根據患者主訴以及能夠看到的症狀先做病症假設，然後再對這個假設進行驗證，從而確定患者所患的病。此處一樣以前文的例子來說明，某人因為咳嗽、吐血、四肢無力去醫院看病。藉由問診，醫生了解了病人的病情、病史以及生活環境，於是，醫生提出了一個關於患者病情的假設：這個病人可能患有肺結核。如果有，那麼病人的肺部就會有病灶，痰裡也會有結核桿菌。根據上述

論斷，醫生讓病人去做電腦斷層掃描，看看肺部是否有病灶。同時，醫生讓患者去檢驗科檢查，看看痰裡是否有結核桿菌。最後，醫生再根據這些檢查結果得出結論。如果假設被證實，那麼假設就成立，病人患有肺結核。否則，假設就被推翻，醫生需要對患者的病因重新提出假設，然後再進行一輪驗證。

從這個看病過程中，我們就能看出，前半段是「形成假設」的階段，根據問診結果，假設這個患者「患有肺結核」；後半段則是「小心求證」的階段，藉由做電腦斷層掃描、化驗等方法來驗證這個假設。如果假設被證實，那就說明這位患者的確患有肺結核。相反地，醫生則需重新提出假設，再做一輪驗證。

小心求證的三種方法

方法一：向自己提問

在大膽假設後，你要問自己：除了這個假設，還有其他替代假設嗎？比如，你說：「都過八個小時了，我男朋友還沒有回我訊息，他肯定是生氣了，不想再理我了。」對於這個問題發生的根源，你的假設是：男朋友肯定生氣了。這時，你可以問自己：「除了這個假設，還有其他替代假設嗎？」

比如，也許他正忙著工作或開會，也許他的手機沒電了……

當你發現浴室地板上有一灘水的時候，你可能會說：家裡人可能不小心把水灑在了地上。然而，它可能還有其他原因：第一，馬桶漏水；第二，洗臉盆漏水；第三，天花板漏水。可見，同一件事可能會有多個不同的解釋與原因，因而能夠做出不同的假設。

在比較幾種可能的假設時，你可以使用以下三個標準：第一，邏輯上的合理性；第二，與你所學其他知識之間的一致性；第三，用這個假設是否能解釋過去的事件，是否能夠預測未來的事件。

比如，當你思考零售的本質時，根據先歸納後抽象法，得出一個假設：零售的本質是把人與貨連接在一起的場。這時，如果想要驗證這個假設，你就需要問問自己：對於零售的本質，我是否還有其他替代假設？如果有，它是否比現在這個更準確？在邏輯上更合理？與其他商業理論更契合？是否更能解釋各式各樣的零售現象？是否更能預測未來的零售現象？

這就是依據三個標準對不同假設進行的比較與評估。最終，你就能在眾多可能的假設中得到一個最佳假設。

方法二：藉由試驗驗證

藉由試驗來進行小心求證。藥品研發和醫學研究中的隨機對照試驗就是這種驗證方式。比如，將同類型的患者隨機分為兩組，一組給新藥，一組給現有的藥，而患者並不知道自己服用的是剛研發出來的新藥，還是已經上市很長時間、驗證有效的藥。然後再來觀察，看看在服藥後兩組患者的身體都發生了哪些變化、藥物對疾病的治療效果如何，從而判斷新藥是否比現有的藥更加有效或安全。

這是一種非常正規且有效的試驗驗證法。同理，對於我之前說過的那個失眠問題，我對自己提出的假設也是藉由試驗來進行驗證的。這個試驗長達兩週，在這兩週裡，我改變了與睡眠相關的一系列行為，就是想驗證自己之前提出的那個假設。而最後的結果也證明，我的假設是正確的，藉由改變行為，我的睡眠的確變得越來越健康了。

方法三：舉出反例

事實上，一個底層邏輯越是普遍適用，找到反例的機會就越大。

1927 年舉辦的第五屆索爾維會議，是一場物理學家大會。當時，參加爭論的一方是愛因斯坦，他堅信量子力學是錯誤

的；另一方是量子力學的奠基人，屬於物理學界青年一代的泡利、海森堡和波耳。

　　每天吃早餐的時候，愛因斯坦總會遇到他們三個人，並向他們提出反對這個理論的看法。愛因斯坦總能想出一個實驗來，並從中得出這個理論並不正確的結論。泡利和海森堡雖然聽到了他的不同意見，但不予理會。而波耳總會非常認真地對待愛因斯坦的看法，他會花上一整天的時間來思考如何反駁。每天到吃晚餐的時候，他就能想出辦法讓愛因斯坦的論據站不住腳。

　　但愛因斯坦並不服輸。三年後，在第六屆索爾維會議上，他又想出了新的點子：光盒實驗。他想用這個實驗來推翻測不準原理（量子力學的一個基本原理）。愛因斯坦說出了自己的看法後，波耳非常緊張，像是受到了巨大的威脅，因為他無法立刻找到愛因斯坦的漏洞。直到第二天，波耳終於發現了愛因斯坦論據中的一個錯誤，狠狠地反駁了愛因斯坦。這個勝利提高了在場的物理學家對量子力學的認可度。而愛因斯坦也並未就此服輸，直到生命的最後，他都認為量子力學是錯誤的，但是他沒辦法給出一個有效的反例加以證明。

　　同理，對於我們自己做出的假設，我們也可以藉由不斷舉反例的方法來進行驗證；如果用一兩個反例就能讓假設失

效，那麼這個假設肯定就是站不住腳的。

邏輯上可能出現的各種謬誤

在採用各種方法進行驗證的同時，我們還得注意邏輯上可能出現的各種謬誤。很多謬誤早已悄然種在了我們的心智模式之中，而我們常常並不自知。

我將這些謬誤分成了兩類：第一類是基本謬誤，第二類是對問題根源做出假設時可能出現的謬誤。

第一類：基本謬誤

1. 從眾效應

從眾效應是指人會下意識地讓自己的想法向大多數人的想法靠攏。因為從眾效應，人們很容易按照大多數人的想法得出一個假設，並將假設當成結論，不去驗證那個假設是否正確。

比如，當大多數人都說「幸福就是財務自由」的時候，有的人很可能也會這樣認為。於是，他就會認為自己找到了「幸福」的根本屬性，認識到了幸福的本質。但是，幸福的根本屬性真的就是「財務自由」嗎？

2. 服從權威

服從權威意味著聽信權威對於事物根本屬性、問題根源或底層邏輯的斷言，而自己不去加以判斷，也不去進行驗證。

古希臘時期，當蘇格拉底的學生、著名哲學家柏拉圖說出人的定義後，如果大家都不去質疑，那人就會被定義成「沒有羽毛、兩腳直立的動物」了。

所以，即使面對權威，我們也要保持獨立思考與批判性思考的意識，對他們提出的結論，我們也要有意識地進行驗證和推理。

3. 以偏概全

在進行本質思考的時候，我們常會用到歸納推理。但是，由於我們並沒有獲得所有的樣本，所以我們必須特別小心，在歸納時要避免過度概括、以偏概全。

比如，有一名銷售員，他一直是靠和客戶的採購搞好關係來獲得訂單的。長此以往，他可能會得出這樣一個結論：銷售的本質就是關係管理。而實際上，這個說法並不準確。這裡他就犯了以偏概全的錯誤，因為除了關係，產品、策略和行銷也很重要。特別是在不同的行業和領域中，產品、策略和行銷很多時候可能比關係更重要。

第二類：對問題根源做出假設時可能出現的謬誤

1. 將相關性當作因果性

下暴雨的時候，我們都是先看見閃電，再聽到打雷。於是可能就有人說，因為出現了閃電所以才會打雷。真的是這樣嗎？

A 和 B 相繼發生，於是就說 A 是 B 的原因；或者，A 與 B 之間有共變關係，於是就說 A 是 B 發生的原因，這些都是「將相關性當成了因果性」，因為這些推理並未排除以下三種可能：第一，A 與 B 之間的聯繫是巧合；第二，A 和 B 都是由第三個因素引起的；第三，是 B 引起了 A，而不是 A 引起了 B。這就是將相關性當成了因果性，這種謬誤在我們日常的生活中非常常見。我們常常在沒有小心求證之前，就將 A 和 B 當成了因果關係。

在分析問題根本原因的時候，要特別小心這種謬誤。

2. 過度簡化因果關係

打開水龍頭，水就從水管裡流了出來；關上水龍頭，水就停了。於是，有人認為，「打開水龍頭」就是有水與沒水的根本原因。但這並不正確，因為它過度簡化了因果關係。

成功學也是一種過度簡化因果關係的例子。我們常常將

一個企業的成功歸結於創始人的特立獨行，或者是他的智商超群；但實際情況並非如此，特立獨行與智商超群可能也是原因，但肯定還有更加重要的原因，比如外部的宏觀因素等。

如果只見樹木，不見森林，我們就會將事物發生的原因歸結於那些「樹木」，卻不知導致問題發生的原因正是那片「森林」。這時，我們就需要用到結構性分析法與系統性分析法。這樣，我們才有機會看到「森林」。

3. 混淆均值回歸與因果關係

這也是一個非常容易發生，但卻很難察覺的歸因錯誤。

「均值回歸」的意思是，在一系列的運氣事件中，偏離平均值的異常出色或糟糕的表現（高分或低分）、極端事件等發生後，緊接著會出現普通表現或者不太極端的事件。換句話說，如果這次我們的表現非常亮眼，下次我們的表現就會稍遜一籌；而如果這次我們的表現不盡如人意，下次可能就會好一些。

所以，下面這些情況的發生就非常正常：一個籃球隊員在一場比賽中表現非凡後往往難以在下一場比賽中再展雄風；一個第一學期考試成績非常好的學生往往在第二學期表現得略顯遜色。

4. 當下認知偏見

　　不論何時何地，人們都願意去相信那些符合他們當下認知的因果解釋，即使這些解釋與所得資料並不吻合。這是思考問題極度主觀化的表現——既沒做認真假設，也沒進行小心求證。這樣的認知偏見會影響我們對事物的正確認知和判斷。

04/

本質思考的必要條件
沒有了輔助線，有些題目就會無解

古語有云：臺上一分鐘，臺下十年功。

如何才能做到半秒看透問題的本質？其實，要練就這樣的能力絕非一日之功，我們需要不斷地練習。只有這樣，我們才能真正擁有「半秒看透本質」的能力。

在練習過程中，除了要掌握正確的思考方法，我們還需要擁有以下必備條件。

要有好奇心，勇於提問

你能想像一個缺乏好奇心的人去探究問題的根源、琢磨

事物的根本屬性、思考現象背後的底層邏輯嗎？肯定不能。原因很簡單，如果一個人對這些東西都不好奇，自然就不會去思考這些。所以說，好奇心是進行本質思考的首要條件。一個具有強烈好奇心的人往往更有可能發現事情的真相，找到事物的本質。

事實上，好奇心不僅是進行本質思考的首要條件，它也是進行一切思考的首要條件。

擁有好奇心的主要表現是勇於提問，不斷追問。所以，在日常生活中，我們要養成不斷提問、連續追問的習慣，直至找到滿意的答案。這對我們保持好奇心大有裨益。

要有足夠的知識

如果一個醫生缺乏足夠的醫學知識，他還能根據患者的症狀進行基本的假設和推理嗎？肯定不能。即使他對假設與推理的方法爛熟於心，但如果他不知道感冒與肺結核的區別，那麼對於患者疾病的診治，他還是會一籌莫展。

前文中，如果福爾摩斯沒有足夠的地理學知識和生活常識，他能準確判斷出華生是剛從阿富汗回來的軍醫嗎？肯定不能。

　　所以說，即便你熟練掌握了進行本質思考的方法，如果你缺乏相關領域的知識，你還是會一籌莫展。

　　可見，不斷學習知識，尤其是你所關注的領域和學科的知識，是進行一切思考，尤其是本質思考的重要基石。

要不斷提高自己的聯想力

　　關於聯想能力，《專注力》這本書中寫道：

　　一天夜裡，你被外面的吵鬧聲弄醒了。你出去一看，發現有一群人，其中有一個人開著一輛很名貴的轎車，他跟你說他們正在玩一個叫「拾荒者」的遊戲。由於一些原因，他必須要贏得遊戲，現在他需要一塊寬 1 公尺、長 1.5 公尺的木板，如果你能幫忙的話，他願意給你 1 萬美元作為報酬。你會怎麼辦？被測試的大多數人都沒有想到，只要把門拆下來給他就可以了。也許你會說，現在的門都是鋼的，沒關係，那你有沒有想到床板、衣櫃的門、大桌子的桌面之類的？

　　這個問題測試的就是心理學上所謂的「範疇陷阱」。「木板」這個詞在你腦海裡的概念如果是指「那些沒有加工的，也許是放在木材廠門口、作為材料的木板」的話，那麼你就會在下意識裡迅速為「木板」劃定一個搜尋範圍，你也會迅

速想著：「這三更半夜的，叫我上哪去找木板呢？」如果你一下子就想到了，那麼很可能「木板」這個概念在你腦子裡的範疇更大、更抽象，它包含了所有「木質的、板狀的東西」。

這就是聯想力。

當一個問題出現的時候，人們會不自覺地聯想到一些無法直觀看到的事物。所以說，聯想是進行假設以及推理的關鍵之一，它能幫助我們從現有事物出發去進行思考。從這一層面講，聯想具有一定的猜測性。

想要養成良好的思維習慣，我們就要進行所有可能的聯想。可是，這也似乎不是所有人都具備的能力，或者說，有人進行「聯想」所推測出的東西很可能是遠離結論的。

那麼，如何真正提高我們的聯想力呢？

很顯然，這要用到我們的經驗和學過的知識。

所以，想要進行高品質的本質思考，你得豐富自己的知識、增加自己的閱歷，從而不斷提高自己的聯想力。聯想力不同，結論的準確性也會不同。而聯想並不是漫無邊際地遐想，或者是隨心所欲地東想西想，更不是斷斷續續地想這想那。聯想必須具有條理性和連貫性，而且要恰當合理、符合實際。

這就是殘酷的現實，即便我將整個思考路徑抽絲剝繭地

放在你的面前，如果知識不夠、閱歷有限、聯想不足，認知局限性仍舊會牢牢地困住你。

就好比國中時做幾何題目，如果你不知道可以畫「輔助線」，有些題目就永遠也解不開。聯想就像是「輔助線」，能幫我們打破認知局限，做出好的假設與推理。

因此，對一個人而言，同時具備這些當然會有一定困難。因為一個人可能有著豐富的聯想力，卻因個人經驗淺薄而無法獲得足夠的資訊和事實去為聯想提供依據；抑或他閱歷豐富，讀萬卷書行萬里路，但是聯想力差，不善於聯想；又或者他前兩個條件都滿足，但是思路混亂，看到一個事實，思緒就會如脫韁的野馬般一發不可收拾。

所以，這些都是本質思考的必要條件，是必須不斷練習的。

要有思考的持續性

思考的持續性有兩方面的涵義。

第一，我們要對同一問題進行持續不斷的思考。尤其是複雜問題，有時甚至需要思考很多年。

對於「幸福」、「有意義的人生」等問題，我就進行了

數十年的持續思考。相對而言，對簡單問題的本質進行思考容易很多，大家也更容易達成共識。

在對複雜問題或深刻的問題進行持續思考時，我們就需要一邊思考，一邊豐富自身的知識和閱歷，並與其他人進行交流。這些都有助於我們找到答案。

正如愛因斯坦所說：「不是我聰明，只是我和問題周旋得比較久。」

第二，思考的持續性也體現在，每當思考問題本質的時候，我們都需要集中注意力，讓自己的思緒沿著一定的方向進行。

也就是說，在思考問題時，我們要有一個方向，就像戰士攻打城堡，不論用什麼樣的方法，最終的目的都是攻占城池。持續思考也是同樣的道理，無論採用怎樣的思考方式，思考的方向是不變的。

這裡需要注意的一點是，持續思考並不意味著在思考許久仍想不出答案的時候，繼續逼著自己思考。

相信很多人都有過這樣的經驗，拚命想的時候答案怎麼都想不出來，不去想的時候，答案卻自動冒出來了。為什麼？這是因為潛意識也會工作，它非常神奇。

你要相信，那些百思不得其解的問題早已紮根在你的腦

海中，即使你不再刻意去想，潛意識也會自動圍著它轉。或許有一天，你會突然得到答案。這也是為什麼有時我們會有頓悟的感覺。學會等待，也是進行持續思考的一個重要方法。

愛因斯坦說：

自從柯南·道爾為我們創造了那些引人入勝的故事以來，現在基本上每本偵探小說都會出現一個這樣的時刻：調查者收集了所有的事實，這些事實起碼能夠解決一部分問題，但這些事實看起來有些奇怪，前後銜接不起來，彼此毫不相關。然而，偉大的偵探家知道，這些調查已經足夠了，現在只剩下思考了，以便把這些收集來的資料拼湊起來。所以，接下來他會拉一會兒小提琴，或懶洋洋地坐在沙發裡抽抽菸。突然間，柳暗花明，他就找到了答案。

相對平靜的情緒

情緒越緊張，人就越不可能進行清晰的思考並採取冷靜的行動。一個暴怒的人是不可能成為理性思考的典範的。所以，我們要學會覺察自己的情緒，這樣，我們才能保持相對平靜的情緒，讓思考變得更加清晰、更有條理。

　　最後，需要說明的是：在思考問題的本質時，能否得出結論可能還不是最要緊的；關鍵是，我們在思考問題的本質時，能否沿著正確的路徑不斷進行下去。堅持下去，終有一天會撥雲見日。

　　對於「藝術是什麼」這個問題，從古至今，有無數哲學家、藝術評論家試圖給出一個完美的答案。然而，迄今為止，這個問題也沒有一個舉世公認的唯一答案。但是，如果去看他們的思考方法與路徑，我們就會發現，他們每個人都進行了非常深入、觸及本質的思考。因此，我們不能因為沒有出現一個舉世公認的唯一答案，就說這些哲學家和藝術評論家的思考是沒有意義的。

本章小結

高手是如何看透三個本質的？答案是運用溯因推理法。

那麼，溯因推理是怎樣的方法？只需記住八個字：大膽假設，小心求證。

1. 大膽假設

對事物根本屬性做出假設的兩種方法：求同求異法和先歸納後抽象法。

對問題根源做出假設的四種方法：穆勒五法、5Why 提問法、結構性分析法、系統性分析法。

對現象背後底層邏輯做出假設的一種方法：先歸納後抽象法。

2. 小心求證

求證的三種方法：向自己提問、藉由試驗驗證，以及舉出反例。

小心謬誤：需要小心基本謬誤與因果謬誤。

花半秒鐘就看透事物本質的人，

和花一輩子都看不清事物本質的人，

注定是截然不同的命運。

下部

思維破局

洞察轉機，做掌握命運的少數人

　　如果說思考問題的本質可以讓我們的思維能力實現一次重大提升，那麼，遷移思考、升維思考和逆向思考則可以讓我們的思維能力實現第二次重大提升。

　　藉由遷移思考，我們可以將思維模型和底層邏輯運用在更多的領域上，從而解決各式各樣的問題。

　　同時，我們也會發現，思考問題的本質並不能解答世界上所有的問題。這時，我們就要提升思維高度、增加維度，甚至跳出原有的框架，這就需要進行升維思考。升維思考能幫我們解決「無解之題」，讓我們看到更宏大、更高的世界。

　　最後，在進行了無數次的正向思考後，我們可能會出現思維定式，習慣性地沿著一個方向思考。這時，我們就需要進行逆向思考了。在這部分，五個「正向─逆向」思考模型會讓我們學會從正反兩個方向去看同一件事，從而讓我們獲得更加全面、透澈的思考力，擁有更多的創造力。

第三章

遷移思考

如何用80～90個重要模型，
解決90％的問題

查理・蒙格說過一句耐人尋味的話：「一個人只要掌握 80 ～ 90 個思維模型，就能夠解決 90％的問題，而這些模型裡面非常重要的只有幾個。」

然而，人生如此複雜，世事變化萬千，80 ～ 90 個思維模型如何能解決 90％的問題呢？其實，這是因為這些模型可以在不同領域進行遷移運用。

這就是查理・蒙格這句話背後隱藏著的深意：想要順利解決 90％的問題，你不僅需要掌握 80 ～ 90 個重要的思維模型，還得學會對它們進行遷移運用，而這就是接下來要講的遷移思考。

在查理・蒙格所有的書和演講中，他雖然從未提到過「遷移思考」這個詞，但他自己正是這樣做的。他舉過一個例子，說化學中有一個原理，叫自催化反應（反應產物對反應速率有加快作用的反應），比如，工業上的發酵過程就是典型的自催化反應過程。然後他說，在生活中我們也會碰到自催化現象。在這個過程中，反應速率不斷加快，但根據物理學直擊本質法則，世界上沒有永動事物，所以，這種運動只能持續一段時間。當然，我們能從中受益匪淺，因為我們不僅完成了 A 任務，同時還完成了 B 任務和 C 任務。接著，他講述了這個化學現象在日常生活中得到借鑑的案例：

　　迪士尼就是這方面的完美典範……他們拍攝的電影是有電影版權的。就像製冷技術推動了可口可樂的銷售一樣，在有錄影帶以後，迪士尼不需要發明任何東西，只要把拍攝完成的電影拿出來，做成錄影帶就行。

　　在這個例子中，查理‧蒙格向我們展示了他從未提過卻運用自如的思維方式：遷移思考。他是怎麼做的呢？查理‧蒙格先是提到了化學中的自催化反應。簡單來說，它的本質就是自身的產物可以讓自身發展進一步加速，這是非線性的。

　　然後，查理‧蒙格將它遷移到了商業領域──用這個化學現象來說明迪士尼的商業模式。迪士尼做的其實就是一件事：拍電影。電影是迪士尼的產物，這個產物除了能為迪士尼帶來一定的收入外，還能使迪士尼進一步發展壯大。比如，電影中的卡通形象衍生出了迪士尼樂園，以及各種禮品、衣服和玩具等，增加了迪士尼的收入；同時，這些衍生品也強化了迪士尼的品牌形象，增加了目標客戶對迪士尼的喜愛，這樣就會有更多人去買錄影帶（過去），或是願意為迪士尼的電影付費（現在）。

　　從化學中的一個現象，想到了商業中的一種模式，進而將其解決方法遷移過去，這就是遷移思考。

　　除了查理・蒙格，數學家波利亞也是遷移思考的高手。在《怎樣解題》這本書裡，波利亞向我們介紹了一種非常重要的思維方式——如何用類比推理解數學題目。他說，藉由研究或回憶一個真正類似的題目是如何被解決的，也許就能在解答眼前的題目時借用一些重要的思路。而所謂真正類似的題目，說的正是那些本質相似的題目。

　　所以，解答眼前題目的方法是先找到藉由抽象與眼前題目「表面不同、本質相似」的題目，藉由借用這個題目的解答方法，解決眼前之題。

　　現在，我們總結一下到底什麼是遷移思考。

　　遷移思考就是先找到經過抽象與當前問題「表面不同、本質相似」的問題，藉由借用這個問題的解決方法，來解決當前問題的思維方式。

　　那最適合遷移運用的是什麼呢？當然是思維模型和底層邏輯，它們具有相當程度的普遍性。

　　這就是本章將要討論的問題：如何藉由對思維模型和底層邏輯的遷移運用，找到問題的解決辦法。

01 /

思維模型
幫助你更理解現實世界的人造框架

什麼是思維模型？

在回答這個問題之前，我們先看看什麼是「模型」。

查理·蒙格為「模型」下過一個定義：任何能幫助你更理解現實世界的人造框架都是模型。

美國航空公司每年接待幾百萬乘客，並創造上千億美元的價值；而 Google 創造的價值相對較少，卻獲利更多。2012年，Google 只創造了 500 億美元的價值，利潤率卻是當年航空業的 100 多倍。

為什麼會這樣？

這個看似非常複雜的現象，經濟學家只用兩個簡單模型

就給出了解釋：一是完全競爭，二是壟斷。

完全競爭是一種不受任何阻礙和干擾的市場結構，指那些不存在足以影響價格的企業或消費者的市場。市場上存在大量具有合理的經濟行為的賣方和買方；產品是同質的，可互相替代而無差別；賣方或買方對市場都不具有某種支配力或特權，產品價格由市場來定。

壟斷說的是壟斷公司擁有自己的市場，可以自行定價。因為沒有競爭，所以壟斷公司可以自由決定產量和價格，以實現利益的最大化。

美國航空公司所處的市場是完全競爭市場，而 Google 所處的市場是壟斷市場，所以，兩者之間的利潤率才會有那麼大的差距。

這就是用「模型」（也就是查理・蒙格所說的「人造框架」）將看起來紛繁複雜的事物簡單化、抽象化的方法。它是對資訊的壓縮，是幫助人們理解事物、解決問題的最佳框架。

查理・蒙格說：「思維模型會為你提供一種視角或思維框架，從而決定你觀察事物和看待世界的視角。頂級的思維模型能提高你成功的可能性，並幫你避免失敗。」

可以說，思維模型就是我們大腦中用來做決策的工具箱，

有時可能表現為一個用於分析的框架，比如 SWOT 分析模型；有時可能表現為一個簡單的理論，比如心理帳戶（mental accounts）理論。用時髦的話說就是：思維模型就是安裝在我們頭腦之中的 App。

當想要確定假期行程時，我們會打開手機，點一下上面的旅行類 App，看看別人都去哪玩；當想要預訂飯店時，我們則會打開手機，點一下上面的住宿類 App，完成飯店預訂。

同理，在設定工作目標時，我們可以用 SMART 思維模型，以制定一個清晰的、可執行的計畫；當需要進行競爭分析及策略研究時，我們又會用 SWOT 分析模型，用它來幫我們進行分析，制定策略。

手機上的 App 是那些能夠直接拿來使用的工具箱，而思維模型一旦紮根於我們的頭腦，也就成了我們可以直接拿來使用的工具箱。因此，我們頭腦中擁有的工具箱越多，我們就越能快速做出正確的決策和選擇。

那麼，如何將思維模型遷移運用到工作與生活中呢？有三個關鍵步驟：第一步，將某一個思維模型的本質抽象出來；第二步，與眼前的問題進行類比；第三步，將思維模型的解決方案遷移運用到眼前的問題上。

接下來，我用三個真實案例予以說明。

「不均衡發展策略」模型

　　讀高中時，我在某一堂歷史課上學到了印度的一項經濟發展策略「不均衡發展策略」，它對當時印度的經濟產生了非常重大的影響。

　　這是怎樣的一個策略呢？

　　當時，印度的輕工業和重工業都不發達，他們想要迅速提升自己的經濟實力，但因為資源有限，無法實現全面提升，於是，他們就採取了這樣的策略：先集中力量發展較為容易的輕工業，等輕工業發展到一定程度後，再集中力量發展重工業。

　　因為輕工業所需資源相對較少，所以更容易在短期內取得效果；同時，輕工業的發展也能為重工業的發展打下一定的基礎，讓重工業的發展更加容易。

　　正是因為採取了「不均衡發展策略」，印度經濟在短期內獲得了非常快速的提升。

　　這個策略讓我印象深刻。

　　後來上高三時，我發現，想要在有限的時間內將數學成績考到我滿意的分數是一件非常困難的事。然後，我想到了印度發展經濟採取的「不均衡發展策略」，於是我靈光乍現，

覺得可以用這個策略來進行高考複習。

　　策略實施前，我複習數學時將大部分時間都用在了最後一大題上，但成效甚微，因為這一大題是整個數學考試中最難的部分。因為這樣做，我沒有時間複習其他類型的題目，比如選擇題、填空題等，這就導致了我在回答這些問題時經常出錯，得分不高。

　　可以說，當時我面臨的情況是，在最後一大題上花了太多時間，但成效甚微；同時，由於沒時間複習簡單的題型，所以碰到簡單的題目時錯誤頻出，得分不高。

　　將「不均衡發展策略」遷移運用在數學複習上，我是這樣做的：將數學考試中最後的問答題當成印度經濟體系中的「重工業」，其他大題當成印度經濟體系中的「輕工業」。那麼，根據「不均衡發展策略」，我的數學複習策略就是：先全力練習選擇題、填空題和簡單的問答題等，再練習最後比較難的問答題；而不再像之前那樣，先練習最難的問答題。

　　於是，在高考數學第一輪複習時，我全力練習前面那些看似不起眼但實際占分很多的選擇題和填空題等，目標是力爭全對；在高考數學第二輪複習時，我開始全力練習最後的問答題之外的其他問答題，力爭全對；最後，在高考數學第三輪複習時，主攻最後的問答題。

　　當時我估算過，如果複習時間不夠用，實在來不及的話，我只要保證前面的答題準確率高即可，最後那一大題不管能不能得分，我都能得到自己想要的分數。

　　最後，我的高考數學成績證明了這個策略的正確性。我的選擇題和填空題得分很高，簡單問答題扣分很少。所以，雖然最後一大題並未拿到滿分，我仍然取得了非常滿意的高考數學成績。

　　相反地，如果那時我的策略是把所有時間都拿來專攻最後一道問答題，而沒時間複習前面那些簡單的題型，結果可能就是，簡單的題型答題準確率不高，最後一大題也有可能答錯，最後滿盤皆輸。

　　從表面上看，印度的經濟發展策略與我的高考數學複習策略是完全不同的兩件事，但如果我們去思考兩件事的本質，就會發現它們是一樣的。

　　根據遷移思考的三個步驟，我們來一步步分析：第一步，將「不均衡發展策略」這個思維模型的本質抽象出來，它的本質是，在時間緊迫、資源有限、目標很多的情況下，為了高品質完成多項任務，並使整體效果最優，應先集中所有資源去實現相對容易的那個目標，然後再將所有資源聚焦在相對較難的那個目標上；第二步，與眼前問題進行類比，將這

個本質與自己目前遇到的問題，即高考數學複習所遇到的情況相比，我們就會發現，兩者具有「表面不同、本質相似」的特點；第三步，將「不均衡發展策略」這個思維模型遷移過來的話，就是先集中精力和資源去做最容易的那部分工作，即選擇題、填空題和簡單的問答題，以提升整體數學水準，然後再將精力和資源投入最難的那部分工作中，即複習最後的問答題。

「競爭策略」模型

　　讀大學時，我看了一本對我影響很大的書，叫《競爭策略》，作者是「競爭策略之父」麥可·波特。在這本書中，波特教授為商界人士提供了三種卓有成效的競爭策略，分別是總成本領先策略、差異化策略和專一化策略。這些策略的目標是使企業的經營在行業競爭中高人一籌。

　　在他的競爭策略問世之前，大多數企業家都認為，企業可以同時追逐好幾個基本目標。因為目標越多就意味著越可能成功。然而，波特教授卻告訴大家，達到這種效果的可能性是很小的。因為貫徹任何一種策略，通常都需要全力以赴，並且要有相應的安排。如果企業的基本目標不只一個，資源

就會被分散，從而影響最終的結果。

看了這本書後，我開始思考一個問題，人和企業一樣，也處於激烈競爭之中，需要在競爭中脫穎而出。那麼，是否能將競爭策略用到自己身上呢？又該如何使用呢？

首先，我深入研究了這三種競爭策略的具體內容與使用方法：總成本領先策略是指企業強調以低單位成本為使用者提供低價格的產品，這是一種先發制人的策略，它要求企業有持續的資本投入和融資能力，生產技能在該行業處於領先地位；專一化策略是指主攻某一特殊的客戶群、某一產品線的細分市場或某一地區的市場；差異化策略則指企業力求在用戶廣泛重視的某些方面做到在行業內獨樹一幟，它選擇許多用戶重視的一種或多種特質，並賦予其獨特的地位，以滿足用戶需求。

根據這些定義，我首先排除了總成本領先策略，因為我無法藉由降低自己的收入找到一份理想的工作。然後，就是在專一化策略和差異化策略之間選擇了。

其中，專一化策略包括兩種形式，一個是企業在目標細分市場中尋求成本優勢的成本集中，相當於總成本領先策略與專一化策略的交集；另一個是企業在目標細分市場中尋求差異化的差異集中，相當於專一化策略與差異化策略的交集，

即先找到一個目標細分市場，然後再在這個市場上尋求差異化。

可以說，專一化策略是以總成本領先策略和差異化策略為基礎的競爭策略，能夠在特殊市場中形成成本優勢或差異化優勢。然後我發現，以差異化策略為基礎的專一化策略就是最適合我的策略。於是，在碩士畢業找工作期間，我就將這個策略用在自己的面試策略中。

那時，我非常希望在畢業時就能進入世界 500 強企業工作，尤其希望獲得管理培訓生職位。於是，我就將它確定為面試找工作時的目標細分市場，也就是專一化策略的具體方向。

然後，我研究了管理培訓生職缺的條件要求，發現這些企業的條件要求比較一致，不會因為行業不同而有很大區別。對於管理培訓生這個職位，它們都要求綜合能力強、潛力大且可塑性強。

接下來，針對管理培訓生職位的具體條件要求，我做了很多準備，從英語表達能力到資料分析能力，從團隊合作技巧到演講能力。其中最重要的一點是，我認真思考了自己在這個細分市場上的「差異」——與其他名校畢業生相比，我到底有哪些競爭優勢？

　　經過思考，我將自己的優勢總結為三點。然後，在面試做自我介紹的時候，我就將早已總結好的自己的三大優勢娓娓道來，並與職位所需的特質一一配對，我還在介紹完每個優勢後講一個小故事，以說明自己與這個職位的契合度。

　　就這樣，我從上海諸多名校應屆畢業生中脫穎而出，如願進入世界 500 強企業，成為一名管理培訓生。

　　從表面上看，麥可‧波特的競爭策略與我的面試策略是完全不同的兩件事，但如果去思考這兩件事的本質，就會發現它們是一樣的。

　　競爭策略的本質，是面臨激烈的競爭而資源又有限時，想要脫穎而出就得採取一定的競爭策略，不能在不同策略間徘徊。「以差異化策略為基礎的專一化策略」就是其中的一種策略，它的方法是先找到一個目標細分市場，然後在這個市場上尋求差異化。

　　然後，我將這個策略的本質，與我面試所遇到的情況以及想要實現的目標相比之後發現，兩者具有「表面不同、本質相似」的特點。

　　所以，我就將競爭策略這個思維模型遷移了過來：首先選擇非常清晰的細分市場，然後在這個市場上尋求差異化，以形成差異化的競爭優勢。

「甜蜜區」模型

泰德‧威廉斯被稱為「史上最佳打者」，並且在美國《體育新聞》雜誌評選的歷史上百位最佳運動員中排名第八。他寫過一本書，叫《擊球的科學》（The Science of Hitting）。在這本書中，他向大家揭示了自己成功的祕密——高打擊率的祕訣是只打位於「甜蜜區」的球，而不是每個球都打。正確地打擊甜蜜區的球，忽略其他區域的，就能保持很好的成績。

那麼，泰德‧威廉斯具體是怎麼做的呢？他把打擊區劃分為 77 個小區域，每個區域只有一個棒球大小，然後找出 77 個小區域中的最佳打擊區域，這就是他所說的「甜蜜區」。然後，他的做法是，只有當球進入最佳區域的時候，他才會揮棒。如此一來，他就能保持 0.4 的打擊率。相反地，他也統計過，如果非要去打位於邊緣位置的球，打擊率就會下降到 0.3，甚至 0.2。

所以，對於最佳區域之外的球，泰德‧威廉斯無論如何都不會揮棒。這個策略聽起來似乎並不複雜，實施起來卻頗為困難。因為如果總是不揮棒，就會讓觀眾感到失望，這對球員來說無疑是一種巨大的壓力。對於一個棒球選手來說，

不但要克制對擊球的渴望，還要面對觀眾的失望。但是，如果做到了，他就能獲得巨大成功。而這正是巴菲特從泰德・威廉斯那裡學到的無價之寶。

巴菲特說：「在投資領域，我就像在一個永不停歇的棒球場上，在這裡你能選擇最好的生意。我能看見 1,000 多家公司，但是我沒必要每家都看，甚至沒必要要看 50 家。我可以主動選擇自己想要打的球。投資這件事的祕訣，就是坐在那看著球一次又一次飛過來，等待那個最佳的球出現在你的擊球區。」

為什麼巴菲特能根據泰德・威廉斯的擊球策略得出自己的投資策略？這是因為他看到了泰德・威廉斯擊球策略背後的思維模型——「甜蜜區」模型：想要成功，就要只做能力範圍（即「甜蜜區」）內的事，並把它做到最好，而這個能力範圍是有明確邊界的。

於是，巴菲特提出了「能力圈」的概念。在他致股東的信中，巴菲特解釋道：「你不需要成為了解每一家公司的專家，甚至不需要知道很多。你需要的是能夠評估你能力範圍內的公司……能力圈的大小不是關鍵，了解它的邊界則至關重要。」

換句話說就是：想要成功，就要做自己能力範圍內的事，

投資那些你真正了解的好生意，並且把它們做到最好，同時要了解自己能力圈的明確邊界。

跟泰德・威廉斯堅持只打「甜蜜區」的球一樣，堅持「能力圈」模型的最大困難就在於：如何抵擋為了追逐更多利潤而跨出能力圈的誘惑。

巴菲特號稱股神，有人統計過，從 1955 年至今，他管理的資金雖有幾千億美元那麼多，但他買過的股票只有 78 支。

20 世紀 90 年代後期，資本市場上表現最好的公司都是科技互聯網類公司，從微軟到 Google 到蘋果再到 BAT，但巴菲特一股也沒買，這讓他在 1999 年股市大漲 21% 時的盈利只有 0.5％。可以說，巴菲特錯過了近 30 年來最好的投資機會，但其實他在堅持著他的能力圈原則。巴菲特與比爾・蓋茲的關係很好，但在過去的很多年裡，巴菲特並未投資微軟，因為他認為那是他能力圈之外的事。

根據「甜蜜區」思維模型，泰德只打進入「甜蜜區」的球，其他均不揮棒；而巴菲特則只投他真正了解的好公司，其他一律不投，也因此達到了非常好的效果，這就是遷移思考的巨大力量。

02 /

底層邏輯
解決 100 個不同的問題，只需一個底層邏輯

　　遷移思考，除了能對思維模型進行遷移運用外，還能對底層邏輯進行遷移運用。

　　比如，人性是隱藏在研究產品、做產品以及為文章下標題背後的「底層邏輯」；而「能量守恆定律」則是隱藏在萬事萬物能量轉化背後的「底層邏輯」，不論是熱能、動能還是勢能，無一不遵循這一規律。

　　這裡，我們會講到如何對底層邏輯進行遷移運用。比如，對物理學中的「熵增原理」進行遷移運用。

　　熵是來自熱力學第二定律的一個詞，其物理意義是體系混亂程度的度量。

當一個非活系統被獨立出來，或是將它置於一個均勻環境裡，所有運動就會因為周圍各種摩擦力的作用很快停下來；電勢或化學勢的差別會逐漸消失；形成化合物傾向的物質也是如此；由於熱傳導的作用，溫度也會逐漸變得均勻。由此，整個系統最終會慢慢退化成毫無生氣、死氣沉沉的一團物質。所以，熱力學中孤立系統的熵永不減少。孤立系統總是趨向於熵增，最終達到熵的最大狀態，也就是系統的最混亂無序狀態。這就是熵增原理。

熵代表了一個系統的混亂程度，或者說是無序程度，系統越無序，熵值就越大；系統越有序，熵值就越小。

既然熵增是我們不想看到的結局，那我們又該怎樣對抗熵增呢？

對抗熵增的方法：讓系統成為開放系統

物理學家發現，當一個系統是開放系統時，就能形成負熵流，從而對抗熵增。比如，生命有機體不斷進行的新陳代謝（如吃、喝、呼吸等活動），就是一個對抗熵增的過程。這也是為什麼薛丁格會說「生命以負熵為生」。他說，生命之所以能存在，就是因為生命在不斷地從環境中得到「負

熵」，而獲取「負熵」的過程就是新陳代謝的過程。低熵的物質吃進來，高熵的物質排泄出去，從而帶走體內的熵，保持身體低熵有序的狀態。

再比如，地球是一個開放系統，它是藉由吸收外部能量來實現反熵增的。太陽的熱量使地球在不同區域間形成溫度差、壓力差，從而維持了差異化的有序性，避免了完全的無序和均衡。完全的均衡意味著沒有風流動、沒有水流動，而沒有風流動、沒有水流動的地球將會毫無生氣。

這就是物理學中的熵增原理，這也是一個底層邏輯。那麼，我們如何將它進行遷移運用呢？

一、將熵增原理遷移運用在企業管理中

首先，讓我們來看看熵增原理的本質。如果將它抽象一下，我們就會發現，熵增原理的本質是：一個孤立系統終會走向衰亡。

什麼是孤立系統？它說的是跟外界既沒有能量交換，也沒有物質交換的封閉系統。

與生命有機體一樣，企業也是一個系統。如果它是一個孤立系統，與外界既沒有能量交換，也沒有物質交換，那它注定會面臨熵增不斷增加，直到熵死的結局。所以，在企業

管理過程中，我們需要增加它與外界的能量交換、物質交換，從而對抗熵增。

　　管理學大師彼得·杜拉克說：「管理要做的事只有一件，就是對抗熵增。在此過程中，企業的生命力才會增加，而不是默默走向死亡。」

　　「競爭策略之父」麥可·波特說：「在生物有機體中，生命能量的消耗是為了維護一種精巧的秩序。而企業這樣的組織，是由人所形成的網路構成的，它具有絕對的、可能陷入更大混亂狀態的傾向。」

　　而在中國企業家中，將熵增原理這一底層邏輯遷移運用得最好的當屬華為的任正非了。他在華為的研發上進行了巨額投入。華為連續多年都是全球專利申請第一名。這就是在做輸入能量與輸出能量的不斷交換，是開放系統的重要特徵。

　　從 1997 年開始，華為就開始持續引進來自外部的管理經驗，包括 IBM、埃森哲、波士頓諮詢等。華為由此經歷了多方面（例如管理上、組織結構上、流程上等）的持續改革。這為華為成為一家全球化公司奠定了基礎。

　　華為還在俄羅斯做數學演算法研究，在法國做美學研究，在日本研究材料應用，在德國研究工程製造，在美國研究軟體架構……它在海外 16 個城市建立了研發機構，包含幾十個

能力中心，外籍專家占比達 90％。

　　不管是研發上的巨額投入，還是引進外部管理經驗和在海外建立研發機構，華為作為一家公司都在源源不絕地與外界進行能量、資訊和物質的交換。這都是在努力地將華為打造成開放系統，從而讓華為擁有對抗熵增的能力。

二、將熵增原理遷移運用在個人成長中

　　為什麼熵增原理還能遷移運用到個人成長中呢？這是因為我們每個人都有自己的心智系統。如果一個人的心智成了一個孤立的系統，與外界既沒有能量交換，也沒有資訊交換，那麼它注定會面臨熵增不斷增加直到熵死的結局。那時，即使生命尚未終結，你的生命力也會因為心智的停滯而如一灘死水。

　　想要將自己的心智打造成一個開放的系統，具體該怎麼做呢？

1. 用成長心態代替定型心態

　　很多人都有這樣的觀念：每個人都有一些固定不變的能力與特質，比如「我不擅長運動」或「我沒有數學天分」等，而這些天生的特質無法改變。

　　真的是這樣嗎？實際上，人的創造力等是可以藉由後天努力得到提升的。

　　史丹佛大學的行為心理學教授卡蘿‧杜維克在其出版的一本名為《心態致勝》的書中總結了自己 30 多年來的研究成果，提出了人有兩種心態：定型心態和成長心態。

情況	定型心態	成長心態
對待挑戰	避免挑戰以維持聰明的形象	渴望學習而迎接挑戰
對待障礙	遇到障礙與挫折時，通常的反應是放棄	遇到障礙與挫折時，通常的反應是展現出百折不撓的精神
對待努力	嘗試與付出努力被視為否定性行為；若必須嘗試，說明不夠聰明或不夠有才華	艱苦奮鬥，用努力為成功和成就鋪路
對待批評	否定性的回饋，不論多麼有建設性，都會被忽略	批評提供了重要的回饋，對學習有所幫助
對待其他人的成功	其他人的成功被視作威脅，會引發不安全感或脆弱感	其他人的成功可能是靈感或教育的源泉

表 3-1 定型心態與成長心態

　　定型心態說的是相信我們一出生時的才智與能力就固定了。採取定型心態的人傾向於迴避調整與失敗，從而失去體驗與學習的機會。

　　成長心態則是一種以智力可塑為核心信念的系統。它相

信藉由練習、堅持和努力，人類具有學習與成長的無限潛力。

　　擁有成長心態的人能夠沉著應對挑戰，他們不怕犯錯或難堪，而是專注於成長的過程。對於失敗他們並不感到害怕，因為他們知道如何從失敗和錯誤中學習，從而更加接近成功。可以說，擁有成長心態的人會變得越來越優秀。

　　從上表中，我們還能看到一點，也許是我們平時經常忽略的，那就是兩者在對待其他人的成功這一點上有所不同：擁有成長心態的人會將別人的成功看成自己的靈感來源，而定型心態的人則會將別人的成功當成對自己的威脅，從而產生巨大的不安全感與脆弱感。而這種不安全感和脆弱感常常會讓他選擇摀住耳朵、閉上眼睛，於是，他也就切斷了自我成長的管道與途徑，使整體情況變得更糟。

2. 用流量思維代替存量思維

　　躺在書桌上的一堆油畫顏料，不會自動變成一幅美妙的油畫。一定是因為有了與外界某種能量的交換（比如，你拿起畫筆，打開顏料，開始畫畫），顏料才變成油畫。同樣地，一個人只有在與外界進行能量交換後，才有可能發生天翻地覆的變化。有這種想法的人就是「流量思維者」，相反則是「存量思維者」。

　　什麼是存量思維者的典型行為？與其在學習上對自己進行投資，他們更願意把錢存起來，讓它產生利息；與其換個更適合自己、更有前途的工作或行業，他們更願意繼續做現在這個安穩的工作；與其將自己看到的好文章、好書推薦出去，他們更願意自己悄悄收藏起來；與其與那些優秀的人進行深入交流，他們更願意不讓別人知道自己的想法。

　　1975 年，24 歲、任職於柯達的工程師史蒂芬・薩松發明了世界上第一臺數位相機。當他把這項驚人的成果呈現給公司高層的時候，大家都覺得這個發明沒有任何意義。他們說：「沒有人願意在電視上看他們的照片。」

　　那時的柯達，是底片時代的領軍者。

　　30 多年後，當柯達在 2012 年申請破產保護的時候，回首往事，人們發現，正是由於當年柯達公司高層對數位相機這個發明的無視，導致了柯達的覆滅。

　　歷史總是驚人的相似，同樣的事也發生在摩托羅拉公司和諾基亞公司。

　　死守存量、無視流量，注定會出現「當下很好，未來很糟」的結果，而這個結果往往不是一般人能夠承受的。

3. 用終身學習代替臨時學習，用終身探索代替不再探索

　　有人每天都在學習，不論多少；有人偶爾學習一次，看一本書要七八個月。前者，我稱之為終身學習者；後者，我稱之為臨時學習者。學習對於前者如同呼吸一般；對於後者則如同救急的膏藥，只有在他受到刺激或工作需要時，他才會想起學習。

　　對於終身學習者而言，他們藉由每天的學習將自己的心智打造成一個開放的系統，後續還可能產生複利效應；對於臨時學習者而言，他們的心智就近似於一個封閉的體系，無力對抗熵增，也無法產生複利效應。兩者在短期內看不出明顯的差別，但長此以往就會有天壤之別。

　　很多人在成年之後就不再探索了，他們停止了對這個世界、對自我的探索。他們只想走那條早已明確的路，按部就班地生活。長此以往，他們的心智都缺乏與外界進行能量與資訊的交換。這時，熵增早已緊隨其後，中年危機的到來只不過是時間問題。

　　而那些終身探索者則不同，他們對這個世界、對自我和他人，始終都懷有濃烈的好奇心：他們想要探索那些不懂的東西，想要解開那些難解的奧祕；不論是一場電影、一次旅行、一本雜誌，還是一次對話，他們都能從中探索到新鮮的資訊、

知識或智慧。他們就像是敞著口的容器，吸取著來自外部世界的能量與資訊。

　　這就是熵增原理在個人心智中的遷移運用。終其一生，我們的心智都得對抗熵增，否則就很難獲得成長。

對抗熵增的方法：遠離平衡態

　　上面我們只談了對抗熵增的一個方法，就是讓系統成為開放系統。事實上，我們還有對抗熵增的另一個方法，就是讓系統成為一個非平衡態的系統，即遠離平衡態。

　　根據物理學理論，當熱力學系統從一個平衡態經絕熱過程到達另一個平衡態時，它的熵永不減少。所以，想要對抗熵增，就要讓系統成為一個非平衡態的系統，讓它從穩定變為不穩定。只有這樣，系統才能在遇到一點點擾動的情況下，打破均衡，形成新的有序結構，從而讓隨機且無可避免的擾動成為系統發展的契機，而不是停滯在穩定的平衡態中，逐步走向熵死。

　　那麼，如何將對抗熵增的第二種方法進行遷移運用呢？

一、遷移運用在企業管理中

　　現在的大公司越來越難基業長青了。從 1973 年到 1983 年，《財富》1000 強企業中有 350 家被新企業擠出榜單。從 2003 年到 2013 年，《財富》1000 強企業中被擠出榜單的竟然多達 712 家，大公司被趕下神壇的速度令人目瞪口呆。順帶一提，美國高科技企業的平均壽命是 7.6 年，而中國高科技企業的平均壽命則是 1.8 年。

　　一個企業發展久了，就會進入一種穩定的平衡態中，這時如果不去改變，就會逐步走向熵死。想要對抗熵增，就要讓企業成為一個非平衡態的系統，讓它由穩定變得不穩定。只有這樣，隨機且無可避免的擾動才能成為企業發展的契機。這時，企業可以做的是主動將競爭、創新和自我批判引入企業內部，讓企業不再停留於穩定的平衡態中。

　　2018 年，華為年收入突破 1,000 億美元。然而，任正非卻時常思考一個問題：「下一個倒下的會不會是華為？」雖然華為很成功，但在任正非看來卻充滿危機。一家企業如果不能主動打破自己的優勢，其他人遲早也會打破；如果不能早點看到自己的問題，競爭對手遲早也會發現。為此，任正非很早就成立了一個部門：華為「藍軍」，是華為的其中一個核心部門。

　　藍軍，是指在部隊模擬對抗演習中，專門扮演假想敵的部隊，它可以模仿世界上任何一支軍隊的作戰特徵與紅軍（代表我方正面部隊）進行針對性的訓練。華為的「藍軍」與之類似。按照任正非的解釋，「藍軍要想盡辦法來否定紅軍」。

　　所以，華為「藍軍」的主要任務是從不同的視角觀察公司的策略與技術發展，進行逆向思維，審視和論證「紅軍」的策略、產品、解決方案的漏洞或問題；模擬對手的策略，指出「紅軍」的漏洞或問題，為公司董事會提供決策建議，從而確保華為走在正確的道路上。

　　這就是「紅藍軍」的對抗體制和運作平臺，在公司高層團隊的組織下，採用辯論、模擬實踐、戰術推演等方式，對當前的策略思想進行反向分析和批判性辯論，在技術層面尋求差異化的顛覆性技術和產品。

　　可見，華為是藉由建立「藍軍」的方法，讓華為遠離平衡態，從而對抗熵增的。

　　騰訊的「賽馬機制」也是將企業打造成非平衡態系統的一種重要方法。比如，騰訊的微信、王者榮耀等都是賽馬機制的果實。

　　這就是遠離平衡態這個對抗熵增的方法在企業管理中的遷移運用。

二、遷移運用在心智成長中

如何將遠離平衡態遷移運用在我們的心智成長中呢？一共有兩個方法。

1. 從舒適區走進學習區，甚至恐慌區

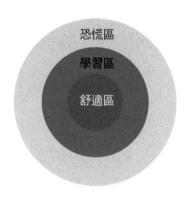

圖 3-1　舒適區、學習區與恐慌區

最裡面的舒適區代表的是，對你來說沒有學習難度的知識或習以為常的事物，你可以處於非常舒適的心理狀態。

中間的一圈是學習區，它代表的是那些對你來說有一定的挑戰性（因而感到不適），但不至於讓你太難受的工作、學習、思考。

最外面的一圈是恐慌區，它代表的是超出你能力範圍很多的事物或知識，你會嚴重感覺心理不適，可能會崩潰甚至

放棄學習。

在舒適區裡，你每天都處在熟悉的環境中，和熟悉的人打交道，做的都是你在行的事，你甚至就是這個領域的專家，做起事來自然得心應手。這就是暫時的平衡態，因為你無須過多努力就能使所有事物達到一個相對平衡、比較舒適的狀態。然而不要忘了，平衡態正是熵最大的時候。這時，你學到的東西很少，進步緩慢，缺乏挑戰和流動性。這是一個看似平穩安逸、實則危機重重的狀態，也就是「假性繁華」。只有從舒適區走到學習區，甚至恐慌區，你才能取得快速進步。

2. 顛覆式成長

個人成長遵循的是 S 形曲線，剛開始時，會有一個非常漫長的平坦狀態，而後則會如火箭般驟然上升，且最終在高位保持平穩。

但這還不是顛覆式成長。顛覆式成長不僅是一次 S 形曲線的飛越，它是很多次的飛越，它要求我們在完成一次 S 形曲線的增長後，再進入第二條 S 形曲線，再重新來過，不斷顛覆自我。

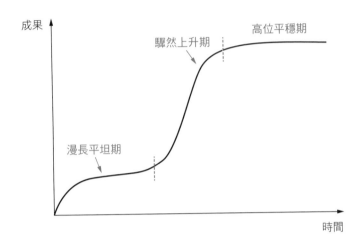

圖 3-2　學習的 S 形曲線

2007 年，iPod 系列產品的銷售額占了蘋果公司總收入的近一半。按理說這正是一個產品如日中天之時，正常人的邏輯肯定是繼續好好做這個產品。可是賈伯斯卻親手顛覆了這個已經大獲成功的產品，他又做了 iPhone。

到 2012 年時，iPhone 已經占了蘋果公司總收入的 58％。這就是賈伯斯的顛覆式成長。他用一條新的 S 形曲線，顛覆了好不容易攀爬上去的 S 形曲線。

遠離平衡態也是如此：你需要一次又一次走在漫長的平路上，然後躍上巔峰；在好不容易躍上巔峰之後，你又要開始走第二條 S 形曲線的漫長平路了。然後，就這樣不斷地進

行自我顛覆。

這種自我顛覆之所以很難，就是因為一旦到達 S 形曲線的巔峰，我們很容易就會產生惰性。這時，我們處在自我發展的某個巔峰期，是一個看起來非常不錯的狀態。然而，一旦我們在這個平衡態停滯不前，我們便很難進步與成長，最終熵增加劇。

這就是物理學熵增原理這個底層邏輯的遷移運用。

最後，在進行遷移思考時要注意：只能遷移具有相似本質的東西，不能遷移「本質不同、表面相似」的東西。

本章小結

1. 遷移思考是什麼（**What**）

遷移思考是先找到經過抽象與當前問題「表面不同、本質相似」的問題，透過借用前面問題的解決方法，解決當下問題的思維方式。它的遷移對象主要是思維模型與底層邏輯。

2. 為何需要進行遷移思考（**Why**）

查理．蒙格說過一句耐人尋味的話：「一個人只要掌握 80～90 個思維模型，就能夠解決 90%的問題，而這些模型裡面非常重要的只有幾個。」

然而，人生如此複雜，世事變化萬千，80～90 個思維模型如何能解決 90%的問題的呢？

答案是，要具有遷移思考的能力。

3. 如何遷移運用（**How**）

想要「從別處借用」，就得先找到事物的本質。越是本質的，就越是抽象的，因此，從「別處」借用的可能性也就

越大。所以，思維模型與底層邏輯都是非常適合遷移運用的。

　　遷移運用的三個步驟：第一步，將某個思維模型或底層邏輯的本質抽象出來；第二步，與眼前的問題進行類比；第三步，將思維模型或底層邏輯的解決方案遷移運用到眼前的問題上。

　　對於思維模型和底層邏輯，還有不少的遷移運用，本書因篇幅有限，僅舉幾例。若想了解更多，請關注我的微信公眾號（ID：艾菲的理想）。

第四章

升維思考

如何解決人生中的「無解之題」

　　兩千多年前，我們所有的幾何學知識幾乎都來自歐幾里得的《幾何原本》。這本書被譽為現代數學的奠基之作，人類在此基礎上發展出了對天文和地理的認知。

　　後來，著名數學家高斯開始質疑它的局限性。因為歐幾里得認為，點在空間中沒有維度；線有一維，即長度；平面有二維，即長和寬；立體有三維，即長、寬、高。除此之外，就什麼都沒有了，沒有什麼東西會有四維。

　　高斯認為，歐幾里得對維度的理解是完全建立在人類自身直觀認識的基礎上的，而這種認知放在沒有邊界的數學世界裡就是非常有局限性的。他跟同事說，歐氏幾何的假想就像是生活在二維平面上的「螞蟻」，從牠的世界裡只看到了長和寬，於是牠就認為這個世界只有「長」和「寬」，不會有「高」這個維度。然而，因為高斯是個非常保守的人，當時西方數學界猛烈抨擊「高維概念」，認為它是比洪水猛獸更能動搖科學理性根基的「歪理邪說」。於是，高斯沒有公開發表任何關於高維幾何理論的作品。

　　後來，數學家黎曼發現，歐幾里得幾何學是建立在一個平坦表面的基礎上的。在自然界，我們很難看到理想化的歐氏幾何圖形，高山、低谷都不是完美的幾何圖形。在平坦的空間裡，三角形的內角和是 180°，但如果空間不是平坦的，

而是存在一定的曲率，那麼三角形的內角和就與它的曲率相關，大於或小於 180°。也就是說，如果我們所在的空間是彎曲的，那麼歐氏幾何的理論就是錯的。

可見，如果我們依然按照一維、二維或三維的維度去思考問題，我們就只能看到平面和立體幾何，而如果我們了解到四維的存在，我們就進入了黎曼幾何的世界，而愛因斯坦正是從黎曼幾何出發，提出了著名的廣義相對論。

如果沒有對歐幾里得幾何的升維，就不會有廣義相對論的產生，這就是升維的力量。它能讓我們看到一個與之前的世界完全不同、嶄新的世界。這樣，我們遇到的某些問題就會迎刃而解。

就像愛因斯坦說的：「我們不能用製造問題時的同一水平思維來解決問題。」

升維思考正是那種能將我們帶向更高階的思考方式。升維思考指的是，跳出眼前問題的限制與常規解法，藉由層級、時間、視角、邊界、位置、結構的變換，重新思考問題及其解決之道的思維方式。如果說本質思考是在既有的結構或系統內，藉由思考問題的根源，尋找根本解的思考方式；那麼，升維思考就是打破既有層級、時間、邊界、位置、結構，藉由躍升、更新、拓展、重建的方法，讓問題得到解決的思考

方式。

　　接下來將介紹幾種能讓我們的行為及人生發生巨大改變的思維方法，它們是層級思考法、時間軸思考法、視角思考法、第三選擇思考法、無邊界思考法和塑造者思考法。

01 /

層級思考法

普通人看行為，卓越者看願景

我先問你兩個問題：

如果你認為自己是一個非常負責的人，你會如何工作？

如果你認為自己是一個非常灑脫自由、無拘無束的人，你又會如何工作？

我相信，這兩個問題的答案一定非常不同。因為能夠決定我們行為的，並不是「行為」本身，而是那些比「行為」更高一層的東西。

從國際 NLP 大師羅伯特・帝爾茲提出的邏輯層次理論，我們可以看到：

・願景層位於最高層，它是超越個人身分的，是關於我

們想要怎樣的人生，或者說是關於我們的人生使命的。

- 身分層是關於「我是誰」的，涉及「我希望我是誰」或「我希望成為誰」。

- 價值觀層是關於「什麼是重要的」，以及「為什麼重要」的。

- 能力層是關於我的能力的，包括能力、狀態、策略和處世模式。

- 行為層則是關於「我要做什麼」或者「我已經做了什麼」的，涉及具體的行動步驟和行為。

- 環境層是指我所處的環境是怎樣的。

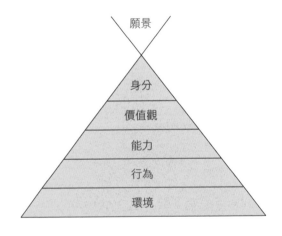

圖 4-1　邏輯層次理論

　　邏輯層次中的上一層對下一層有指導作用。高層次發生的改變必將向下「輻射」，從而在低層次上產生相應改變；而低層次發生的改變有可能會影響高層次，但不是必然。所以，我們將環境、行為、能力稱為低三層（這是我們可以意識到的層次），將價值觀、身分、願景稱為高三層（這是潛意識層面的東西）。

　　當我們想改變較低層次時，藉由改變更高一層往往更加有效。同時，在思考低層行為習慣時，我們也不要忘了去更高層級看看導致低層行為習慣產生的根本原因。

　　比如，如果想做到每週健身三次，該怎麼辦呢？我們先看看這個問題屬於邏輯層次中的哪個層級。顯然，這屬於行為層的問題。這時，你可以先問自己一個問題：「為什麼想要每週健身三次呢？」你的回答可能是，因為想要健康以及更好的身材。這時，你就可以試著到更高的願景層去看看了。當看向願景層時，你的頭腦中可能會出現這樣一幅非常生動的畫面：一年後的自己身材苗條，臉上洋溢著青春的光彩，肌肉緊繃，小腹平坦，在陽光下走路時，你的皮膚散發著珍珠般的光芒。當你看到這幅生動的畫面時，你是否會立刻充滿鬥志，想要馬上去健身？答案不言而喻。

　　當聚焦在行為層時，我們思考的僅僅是如何改變自己固

有的習慣。但是，如果我們能聚焦在願景、身分或價值觀上，我們的行為自然就會發生改變，而且動力十足。

層級思考法還有另一種運用場合：當不理解自己的行為時，我們也可以用層級思考法來看看，也許我們會有完全不同的發現。比如，一直以來，我都不喜歡做那種按部就班的工作。很多年前，我剛做市場部工作的時候，需要做各式各樣的市場活動，得按部就班地按流程走，同時還得細心謹慎。為了避免出錯，我替自己列了一份清單，按照清單上的任務一個個執行。最後的效果雖然還不錯，但我卻感到心特別累。為此，我還曾苛責自己，認為自己是個不能踏踏實實做事的人。後來，當我探索自己的核心價值觀時，我才意識到這種自我認知是錯誤的。

我的一個核心價值觀是「要活出蓬勃豐盈的生命力」，這個價值觀對我行為上的影響是，我非常喜歡創造新的事物，也許是畫一幅畫、寫一篇文章、寫一本書，或者是總結出一種解決方法、一個系統方法論。只要是關於創造新事物的事，我都會充滿熱情與動力，毫不疲倦。同時，我不喜歡按部就班地做那些瑣碎的事，也就是執行類的事。這就是我的「價值觀層面」與「行為層面」產生的衝突。當我不理解這個衝突的時候，我責備自己；當我理解了它之後，我發現了自己

的優勢與天賦所在。這就是層級思考法的另一種運用場合：
幫我們找到各種內在衝突的根本原因。

同時，層級思考法還能運用在企業上。馬雲就將阿里巴巴的公司策略分成了上三路和下三路，這種分法與羅伯特・帝爾茲的邏輯層次理論有著異曲同工之妙。

什麼是上三路？它說的是使命、願景和價值觀。

什麼是下三路？它指的是組織、人才和 KPI。

使命感是一個組織最重要的因素。所謂使命感，就是你的公司為什麼而存在。使命感要做到讓公司的每個人都相信。因此，如果你真的相信公司的使命，就應該反覆講，講到隨便找一個員工過來，他都能講清楚公司的使命是什麼。然後，在做重大決定的時候，也要先問一下這個決定是否符合公司的使命。

願景，指的是公司要往哪裡去，要發展成什麼樣子。阿里巴巴有個口號──要成為一家持續發展 102 年的公司。阿里巴巴成立於 1999 年，做 102 年，剛好就橫跨了 3 個世紀。這個相對較長的時間維度，就是阿里巴巴的一個願景。為了活 102 年，公司的每一個重大決策都必須思考：做這件事情對公司 10 年以後的發展有沒有用，如果沒有用，就別做這件事。

　　我們再看價值觀。馬雲對價值觀的定義是：價值觀就是做事的方法，是做事的標準和共識。馬雲說，阿里就是一家從價值觀裡得到了巨大甜頭的公司。如果你希望培養一批同舟共濟的人在你公司裡，那必須要有價值觀，價值觀必須考核。

　　這三者都非常重要。用馬雲的話說：要想不迷茫，必須要有使命感；要想有方向感，就要有願景；要想凝聚同舟共濟的人，就要有價值觀。

　　因為每個人的使命、願景和價值觀都不盡相同，所以，每個公司的策略肯定也是不一樣的。策略一定是不能複製的，真正的策略是一個藝術品。

　　可見，當一家企業要做重大決策、調整重大戰術，或部署重大行動的時候，首先要到「高三層」（願景、使命、價值觀）去看看，看這件事情對 10 年以後的發展有沒有效果、是不是符合企業的願景與價值觀。同時，在招募員工前，也要先看求職者的價值觀是否與企業的價值觀相符。

　　這就是層級思考法，它告訴我們想要解決某個處於行為層面或策略、戰術層面的問題，或做出重大決策的時候，對個人而言，首先要思考的是自己的願景、身分、價值觀；對企業而言，首先要思考的是自己的使命、願景、價值觀。

02 /

時間軸思考法
一流的思考方法會讓問題自然消失

「時間」是一種大多數人都不會關注的維度。但事實上，它極為重要，重要到一旦將它引入思考，眼前的一切都會變得不同。

接下來，我們來做幾個非常有趣的時間軸遊戲：讓我們把人的一生想像成一條長長的帶著箭頭的線，它的開端是出生之日，它的箭頭指向生命結束之時。於是，就有了下一頁那幅圖，A 是人生的起點，B 是人生的終點，每個人從出生之日起，就在走向人生的終點。

人生的起點　　　　　　　　　　　　　　　　人生的終點

A　　　　　　　　　　　　　　　　　　　　　　B

人生的時間軸

圖 4-2　人生的時間軸

現在，遊戲就要開始了。

站在時間軸的終點上

大年三十，我正式從製藥公司辭職，準備搬回上海，全職做兒童癌症公益。

朋友說：「你這個彎拐得有點猛呀。」

確實，這意味著我要離開美國，也要離開一線科研。這不是一個容易的決定。

我和太太在美國生活和學習了 10 多年，非常習慣美國的生活。我們工作穩定，有房有車，居住的城市冬天不冷、夏天不熱；對小孩來說，海洋世界、樂高樂園，甚至迪士尼樂園都是我們週末隨時可以去的。

從中國到美國，從本科到博士，從學校到公司，我已經做了 10 多年科研。我喜歡挑戰未知世界，喜歡做科學實驗。

父母也可以很驕傲地對周圍的人說：「我兒子是美國一線科學家，在世界頂尖的藥廠研究抗癌新藥。」

突然全部放棄，回國做公益，這個彎確實轉得很猛。但下決心並沒有想像中的那麼難。

太太說：「我支持你，或許真能回去改變一些事呢。」我知道自己沒有後顧之憂。

捐贈者說：「不著急，我們要做長線的公益！」我知道這是事業而不是工作。

很多好朋友說：「挑戰很大，但如果你要做，我肯定全力支持！」我知道有人同行。

最重要的是，我聽見自己的內心說：「如果生命只剩一年，你想試試嗎？」

答案非常清楚。

這就是著名科普作家菠蘿（李治中）的時間軸思考法。

可以說，回到國內與待在美國，從事公益事業與做一線科學家，對菠蘿來說，意味著兩種截然不同的生活。這個抉擇可謂事關重大。而菠蘿最終選擇了「回國做公益」，為什麼？因為他問了自己一句話：「如果生命只剩一年，你想試試嗎？」這就是站在了時間軸的終點上，而這種思考方式帶來的是無比清晰的答案：回國從事公益事業。

　　賈伯斯也用過這種思考方法。在一次演講中，賈伯斯說：「在 17 歲的時候，我讀過一句格言，大概的意思是『如果你把每一天都當成你生命的最後一天，你將在某一天發現，原來一切皆在掌握之中』，這句話從我讀到之日起，就對我產生了深遠的影響。在過去的 33 年裡，我每天早晨都對著鏡子問自己『如果今天是我生命的最後一天，我還願意做我今天本來應該做的事情嗎』，當連續好多天答案都是『否』的時候，我就知道做出改變的時候到了。」

　　賈伯斯認為，提醒自己人生有限是在面臨人生重大抉擇時最重要的事情。因為所有的事情（包括外界的期望、所有的榮譽、對失敗的懼怕）在面對死亡的時候，都將煙消雲散，只留下真正重要的東西。他說：「在我所知道的各種方法中，提醒自己即將死去是避免掉入『畏懼、失去』這個陷阱的最好辦法。既然你赤裸裸的，身無一物，還有什麼理由不去追隨你的內心？你的時間很有限，所以不要為別人而活。不要被教條所限制，不要活在別人的觀念裡，不要讓別人的意見左右自己內心的聲音。還有，最重要的是，你要有勇氣去聽從你的直覺和心靈的指引——它們在某種程度上知道你想要成為什麼樣子，其他所有的事情都是次要的。」

　　為什麼站在時間軸的終點上，我們的思考會更清晰澈底

呢？這是因為，當站在那個特別的時間節點上時（即站到 B
點），你才能清晰地看到：哪些東西是你真正珍視的，哪些
東西是你真正在意的，沒做什麼會讓你感到特別遺憾，做了
什麼會讓你感到滿足或感到此生沒有虛度。

圖 **4-3**　站在時間軸的終點上

　　這就像是站在潮水剛剛退去的海灘上，破碎的、完整的、
漂亮的貝殼在一瞬間全都露了出來，一覽無遺，展現在我們
的面前。這時，我們不用再尋找答案，因為答案就在眼前。

　　這就是站在時間軸的終點上這個思考法的升維作用：當
喧囂退去，虛假的繁華落幕，人生的真相才開始顯現。它們
就像是留在沙灘上的貝殼，如此清晰而簡單。原來我們真正
在乎、珍視的，對我們人生至關重要的東西，不過就那麼幾
樣而已。這些東西就是你的核心價值觀。就像菠蘿，在向自
己發問之後，他看到了清晰的答案：原來，幫助需要幫助的
人比金錢、聲譽，以及安逸的日子更加重要。

　　站在時間軸的終點上這個思考法還有一種具體的運用，即設想自己的墓誌銘，以概括自己的一生。這是美國心理學家歐文‧亞隆提出的一種療法：當設想自己墓誌銘的時候，你希望這句話是什麼。

　　科幻小說家亞瑟‧克拉克的墓誌銘是：這裡埋藏著亞瑟‧克拉克。他一直沒有長大，卻從未停止過成長。

　　《紅與黑》的作者、法國作家司湯達爾的墓誌銘是：米蘭人亨利‧貝爾安眠於此。他活過，寫過，愛過。

　　伏爾泰的墓誌銘是：他的身體存放於此，思想遍布世界。

　　對於亞瑟‧克拉克而言，人生中最重要的事是「成長」；對於司湯達爾來說，人生中最重要的事是「寫和愛」；對於伏爾泰來說，人生中最重要的事則是「向更多人傳遞自己的思想」。

　　也許，你也可以想想，你希望在自己的墓碑上寫下怎樣的話。然後，你再用這些話來重新審視現在的生活與前進的方向。

　　如果你發現自己想寫的話與現在的生活毫不相關，恐怕你就得好好想想究竟該如何調整自己的生活了。如果你發現自己想寫的話與現在所過的生活完全一致，那就說明你正走

在一條正確的路上。

　　布朗妮‧維爾是一位做過多年臨終關懷的作家。她的病人患有無法治癒的疾病，也知道自己即將死亡。她在他們生命的最後 3 ～ 12 週裡照顧他們。她說，人在快死的時候會成長很多。當維爾問那些臨終病人，他們的人生是否有什麼遺憾，如果人生可以重來他們想要改變些什麼的時候，他們的回答出奇的相似：「**我希望我當初有勇氣去過自己想過的生活，而不是他人希望我過的生活。**」

　　對於站在時間軸的終點上的思考方法，我想用英倫才子艾倫‧狄波頓的一段話作為總結：「思考死亡，能使我們的追求減少世俗的成分，增加精神的內容。死亡的想法對我們的影響，或許就是引領我們去追求那些對我們來說真正重要的東西。同時，死亡的想法能使我們漠視他人對我們的評價，因為他人的評價畢竟與我們的死亡沒有絲毫關係，對死亡的預見能夠使我們追求心中最渴望的生活方式。」

站到更遠處

　　什麼是站到更遠處？

　　假如你處在 A1 點，困擾你的問題也發生在 A1 點，你想

做的選擇也出現在 A1 點；然後，請你站在更遠一點的地方，
也就是 A2 點（可能是 5 年之後，也可能是 10 年之後），再
回頭審視現在的問題或現在的選擇，你會有什麼新的發現與
感受？

圖 4-4　站到更遠處

　　之前，我遇到一位諮詢者，她說自己很想擺脫在學校任
教的工作，換個行業重新發展。然而，當我問她「現在，假
如你已換了一個工作，五年之後再回頭看，你有什麼發現」
的時候，她忽然失聲痛哭：「我不想離開，我捨不得。」

　　後來，她對我說：「直到現在，我才意識到我其實深愛
著這份工作，之所以想換個行業，不過是因為我實在討厭現
在工作中的一部分，就是評職稱[4]的那部分。所以，我非常痛
苦，一心想要逃避、離開，卻忘了自己對這份工作的熱愛。」

4 職稱評定，一種專業水平評審制度。在中國，職稱對個人的工作待遇有相當的影
　響力。

　　如果僅從當下的視角出發，這位諮詢者的確是一心一意想要擺脫現在這份工作。因為工作中的評職稱部分讓她感到極度厭惡和難以忍受。同時，她也沒辦法找到更好的方法來面對這個問題。於是，在日積月累之下，她有了一定要擺脫現在這份工作的想法。

　　然而，當我問「現在，假如你已換了一個工作，五年之後再回頭看，你有什麼發現」時，她就被我帶出了持續已久的情緒，有了另一種完全不同的感受，那種只有在失去之後才會意識到的感受。那就是，她自己其實還深深地愛著教書育人這份工作。

　　這就是站到更遠處的思考方法所帶來的升維作用，它能讓我們從此時此刻的糾結中抽離出去，站到更遠一點的地方回望。於是，我們當下的強烈情緒和糾結就會淡去，被情緒掩蓋的真實需求與渴望就會浮現出來。

站到極遠處

　　什麼是站到極遠處的思考方法？

　　假如，現在的你處在 A1 點，困擾你的問題也發生在 A1 點，你感受到的痛苦也出現在 A1 點；現在，假設你站到很遠

很遠的地方（生命結束後的某個時間點），也就是 B1 點，它可能是 100 年之後，也可能是 150 年之後，然後，你再來審視現在的問題或痛苦，你會有什麼樣的發現和感受？

人生的起點

人生的終點

A1

B1

人生的時間軸

圖 4-5　站到極遠處

　　當我遇到困難，尤其是一些感覺當下無論如何也過不去的坎時，我就會用這種思考方法，每次都有收穫。比如，有段時間，我非常在意外界的評價，這讓我深受其擾。這時，我就假設自己到了 200 年以後，然後，我的內心就湧起了一種感覺：「這些都算什麼呀，這些事在一個人的一生中也許還算個事，然而如果把它放到整個漫長且沒有終點的時間中，放到漫長的人類歷史中，它就連一朵流雲都算不上。也許，只能算得上是一粒剛剛浮起就墜落的微塵」。這時，無須他人勸慰，我內心的困擾就已煙消雲散了。

　　這就是站到極遠處的思考方法。

退到時間線外

什麼是退到時間線外的思考方法？

在大多數時候，我們都是站在時間軸上的，有時是站在時間軸的當下，有時是站在未來，有時是站在過去。而退到時間線外則不同，它說的是退出整個時間線，退到時間線之外，澈底離開正在進行的一切。然後，站在時間線的外面，審視它、感受它。也就是說，從現在所站的時間線上的 A1 點，變換到時間線之外的 A2 點。

圖 4-6　退到時間線外

這時，你會看到什麼？也許，你會看到整個一生，它就像是一條不斷奔湧向前的河流，絕不止息。這時，如果你將眼前遇到的事和當下強烈的情緒放在這條時間軸上，你就會

發現，它們在你的整個人生中是多麼微不足道。然後，你將
目光投向這條時間軸的前方，你會發現前面的路其實還很長，
生命中還有很多美好的可能，還有一段很長的路等著你去探
索。

這時，眼前的痛苦和焦灼的情緒開始逐漸變淡，變成了
人生的長河中一個小小的插曲、一段小小的過往、一個小小
的點，或者只是一抹淡淡的印記。你的內心也開始走向寧靜、
平和。

每當被不良情緒深深困擾的時候，我都會嘗試著退後一
步，像個局外人似的退到時間線外，想想過去、現在和未來，
然後我就會平靜下來，意識到人生還很長，不必急於一時；
人生還有很多美好的可能性，眼前的痛苦只是生命中的一段
經歷。也許，在未來某一天再想起這段經歷的時候，我不會
感覺到痛苦，反而會覺得珍貴。這就是退到時間線外的思考
方法。

拉長你的時間

有些諮詢者想要轉職，但又找不到方向。在替他們做輔
導的過程中，我常會提出一個問題：「你希望何時實現轉職？」

他們往往很急，有的說一、兩個月，有的說半年。這時，我會問：「假如時間拉長到一年、兩年甚至三年，你覺得會有什麼不同？」這時，他們無一例外都會陷入沉思。然後，他們會意識到，自己現在之所以不知如何是好，就是因為把「截止日期」設定得過早，沒有為自己保留足夠的時間慢慢努力、逐步反覆運算和不斷接近，所以才會陷入焦慮和恐慌。

圖 **4-7**　拉長你的時間

　　事實上，當你把時間拉長後，你會發現，令自己焦慮的一切立刻變得不一樣了。為什麼？因為那時你會發現，如果一件事是你真心想做的，那麼你其實本來就擁有實現它的時間與能力，根本無須如此著急，更無須焦慮和恐慌。

　　這就是拉長你的時間思考法，它是消除焦慮與恐慌的一劑良藥，能讓你擁有長期的定力。

　　最後，我們用一個表來總結一下這五種不同的時間軸思考法。這時，你會發現，每當你運用一種時間軸思考法時，你就能更有效地應對某類問題。這就是升維思考的力量。

方法 1	站在時間軸的終點上	幫你看到自己的價值觀，看到什麼對自己是真正重要的、什麼是並不重要的
方法 2	站到更遠處	幫你消解當下的強烈情緒與劇烈糾結，看清被情緒掩蓋的真實需求與渴望
方法 3	站到極遠處	幫你減少當下感受到的痛苦與煩惱，讓你擁有淡定平和的心境
方法 4	退到時間線外	幫你減輕當下感受到的痛苦與煩惱，讓你擁有淡定平和的心境
方法 5	拉長你的時間	幫你消除當下的焦慮與恐慌，讓你擁有「長期主義」的定力

表 4-1　時間軸思考法

03 /

視角思考法
不是問題無解，而是你的世界觀沒升級

　　想要用相機拍攝我家的貓時，我一般會用平視的角度。這時，我看到的是牠的眼睛、鼻子、嘴巴和耳朵。可當我轉換視角，改成俯視拍攝、航空拍攝時，我會發現牠的背是彎著的，牠身上的藍色和白色排成一種有趣的形狀。這就是轉換視角所帶來的全新發現。

　　通常，當我思考時，我也會嘗試用更高維度的視角進行思考轉換，比如，俯視拍攝相當於上帝視角，航空拍攝相當於「全面升級你的世界觀」。接下來，我們看看這兩個視角說的到底是什麼。

上帝視角

　　上帝視角這個詞相信大家並不陌生，寫小說時會用到上帝視角，電影拍攝中也會用到上帝視角。獵豹的 CEO 傅盛說：「一個創業者想要取得成功，就要用上帝視角看事情。所謂上帝視角，就是既能讓自己深入其中，敏銳感受其中的變化，又能抽身其外，讓自己變成一個旁觀者，觀察很多事情的發生及其結果。」

　　他說：「有段時間，每次有人離開公司，我的心理都會受到很大影響。後來，用上帝視角後，我開始將整個公司看成一個生命體。其實，人員的進出，不論對個體進化來說，還是對組織進化來說，都是好事情。在理解到這一層後，我開始大刀闊斧地拆分事業部，鼓勵內部創業，出售部分業務等。這種變化和競爭必然會為很多人帶來不適，也會造成一些人員的更替。如果是在以前，我的內心會特別接受不了，特別是一起工作多年的人離開公司時。但現在我會認為，那是彼此進化的一部分。有時，環境變了，我們需要進化，有的人進化不了、離開了，我們也只是在不同的軌道上。直到今天，我才能更加理性地看待這一切。」

　　當從自己的視角看公司裡的人來人往時，他會感到傷感；

但當他轉換視角，跳脫出來，開始用上帝視角審視這一切的時候，他忽然發現自己的感受其實無足輕重，公司不過是一個需要進化的生命體。人進人出只是這個生命體進化的必經之路，這一切都是非常自然、合乎自然法則的。

為什麼上帝視角能讓傳盛在心理上產生如此巨大的轉變呢？這是因為，上帝視角能讓我們從「我」這個殼中抽離出來，成為自己生活與生命的一個旁觀者或俯瞰者。作為旁觀者或俯瞰者，我們看到的內容自然就與「我」所看到的內容大相徑庭了，產生的感受也會因此不同。作為「自我」時，我們看到的是有關自己的一切，會有一些自己的感受和情緒，當迷失在自己的感受與情緒中時，我們就會失去整體觀與大局觀。作為俯瞰者時，我們看到的就是一個整體、一個大局，我們會意識到，其實這個整體和大局也是有其運作規律、系統結構和它固有的目標與存在意義的。因此，轉變就發生了。

在一對一的輔導中，我也經常會使用上帝視角為諮詢者進行視角轉換，讓他站在另一個更高的角度去看待問題。比如，有的諮詢者想讓自己的家庭氛圍變得更和諧、輕鬆。在他制定好方案後，我會問他：「如果你是你們家屋頂上安裝的一個網路攝影機，你會看到什麼？」這時，諮詢者會開始用上帝視角俯瞰家中的一切，從而覺察更多，從而讓改變自

然發生。

　　瑞‧達利歐在《原則》中寫過這樣一種思考方式──高層次思考。從本質上說，這也是一種上帝視角：「人類擁有獨特的從更高層次俯視的能力，這不僅適用於理解現實和現實背後的因果關係，也適用於俯視自身和周圍的人。我把這種超越自己和他人的處境，客觀地俯視處境的能力稱為『更高層次的思考』。更高層次的思考能讓你發現生活中的各種因果關係，再利用這些因果關係得到你想要的結果。」

　　他還寫道：「高層次思考不是指級別高的人所做的思考，而是指自上而下地審視事物，就像你從外太空看你自己和整個地球。從這個絕佳的角度，你會看到大陸、國家和海洋之間的聯繫。拉近鏡頭，你還可以看到更多細節，你可以近距離地看到你的國家、你所在的城市……最後看到你身邊的環境。因為有了這個宏觀的視角，你對事物有了更深刻的洞悉。這比你僅僅繞著自己的房子打轉好多了。」

　　可見，上帝視角能為我們帶來兩種改變：第一，讓我們用一種完全「無我」的姿態看待一切，不再沉溺於自我的情緒與感受裡；第二，讓我們擁有更宏觀的視野與更清醒的洞察，從而做出更準確的決策與判斷。

全面升級你的世界觀

　　有一名美國的前太空飛行員搭乘太空船去了太空。他每天從太空遙望地球。一開始，他關注的是哪裡是他所在的國家和城市，哪裡是別的國家和地區。

　　然而，隨著在太空中工作的時間越來越長，他開始被這個藍色星球整體的美所深深打動。回到地球後，他決定把在太空中看到的藍色星球展示給大家，展示給來自全世界不同國家的人們。

　　於是，他成了一位進行全球巡迴演講的慈善大使，呼籲全人類保護地球，並讓大家意識到，在地球上生活的不同國家和種族的人其實屬於同一個整體、同一個系統。

　　從這個故事中我們可以看出，這位太空飛行員對整個宇宙的全新認識將其固化已久、關於國家與國家、城市與城市的認知界限完全打破了，這背後隱藏著的是一個人世界觀的變化。

　　那麼，什麼是世界觀？我們可以將它理解為：一個人對整個世界以及人與世界關係的總體看法和根本觀點。

　　縱觀世界觀的演變，我們會發現，我們對於這個世界的看法，對於自己所居住的宇宙的看法，以及對於自己在宇宙

中位置的看法，一直都在發生著變化。

在亞里斯多德的世界觀中，地球被認為是宇宙的中心，日月星辰都在圍繞著地球做圓周運動，可後來我們知道，地球並不是宇宙的中心，日月星辰也不是繞著地球轉的。在進化論之前，人類認為自己是特殊的，而藉由進化論，我們第一次意識到，人與其他動物並無本質區別，人類也是從動物演化而來的。從此，我們開始拋棄長久以來所秉持的「人類很特殊」的觀點，人的確是高級動物，但並不那麼特殊。

世界觀上發生的重大轉變會極大地拓展我們的思維，改變我們的想法，增加我們的見識，從而讓我們對同一個問題產生完全不同的理解、判斷和思考。這樣，我們所面對的很多問題就會自然而然地消失，或是迎刃而解。

舉例來說，如果你是一個自我非常強大的人，可能就會有頗多煩惱。因為你總是覺得自己與眾不同、得天獨厚，秉持著一種「我很特殊」的觀點。然而，如果你理解了進化論，你就會發現，其實整個人類在最開始的時候就認為自己是這個宇宙的中心，認為「人類很特殊」，但隨著科學技術的發展，人類逐步意識到「人類並不特殊」。而你呢？是真的很特殊嗎？可以特殊到別人都該以你為尊、以你為主嗎？或者，別人一個不經意的表情，就會讓你感覺是一種輕蔑和侮辱嗎？

還是說，其實，你與其他人一樣，不過是一個並不特殊的普通人？

當你的世界觀真正發生改變的時候，很多現在困擾你的問題都將變得不復存在。你看問題的方式和看世界的方式也會在不經意間發生變化。

著名的科幻小說《三體》是一部我非常喜歡的小說，因為它將我對於人類和地球自身重要程度及地位的信念從 100 分降到了 0 分。自此，我的世界觀被澈底更新了，我看待事物和問題的角度也發生了巨大改變。

太陽系預警系統已經於五個小時前證實，對本星系的黑暗森林打擊出現。這是一次維度打擊，將把太陽系所在空間的維度由三維降至二維，這將澈底毀滅太陽系中的所有生命。預計整個過程在八至十天內完成，截至公告發布時，太陽系三維空間向二維的跌落仍在進行中，且規模正迅速擴大，速度正迅速加快。已經證實，脫離跌落區域的逃逸速度為光速……政府提醒所有公民，逃逸速度遠大於目前人類宇宙飛行器的最高速度，逃亡成功的可能性為零。

這段於平靜中蘊藏著巨大毀滅力的文字正是來自《三體》。在看到太陽系被宇宙中其他星球實施降維打擊，從三維（立體的）打壓到二維（平面的）的時候，如果你當時正

站在宇宙中目睹這一切，不知你的內心會湧起一種怎樣的感受。

我們可能會想，原來我們一直以為很了不起的地球和太陽系竟是如此不堪一擊，人類竟然如此渺小。

這時，再面對眼前的痛苦和糾結，你會有什麼新的想法？你對自己重要性的認知又會發生什麼變化？截然不同的世界觀會帶給一個人完全不同的認知與感受。比如，你可能會變得不再那麼以自我為中心。當你不再以自我為中心時，以前那些不斷困擾你的問題可能就會自行消散，不再成為問題。

這就是視角轉換後的兩種思考法：上帝視角以及全面升級你的世界觀。其實，很多問題並非無解，只是你的世界觀沒有升級而已。

最後，送給你一句普魯斯特的話：「真正的發現之旅不在於發現新風景，而在於獲得新視角。」

04 /

第三選擇思考法
你不必只做單選題，也不必留下遺憾

有一個讀者發來這樣一段文字：

我恨我的父母，準備逃離，但今天我父親生病住進了醫院。父親有一家小工廠，我畢業以後就被父親拉回家，父母想讓我接管這家工廠。現在，我面臨著道德壓力，內心很煎熬。請問，我該逃，還是該戰？

在這個問題中，我看到了兩個互相對立的選擇：逃或者戰。除此之外，別無選擇。但真的是這樣嗎？戰或逃，除此之外，別無選擇？

很多人都有非黑即白、非此即彼的思維方式。夫妻離婚時會跟孩子說：「你選我，還是選他？」選工作時，你可能

會想：「我去做公務員就等於放棄了作家夢，我去寫作了就等於一點收入都沒有了。」

於是，我們總是一次次陷入兩難境地，難以抉擇、進退維谷。為什麼會這樣？這是因為，大多數人都認同這種非此即彼的選擇方式與思維模式，也就是「點狀思維」，總是習慣性地將一個議題或決定套在一個二元框架上。我們大多數人似乎有一種條件反射般的將事物一分為二、兩極分化，甚至敵我對立的衝動。於是，我們生活的世界出現了各式各樣的對立：逃避與反抗、長期利益與短期利益、女人和男人、員工與管理層、農村與城市、賣家與買家、原告與被告、有信仰者與無信仰者……然後，戰爭、暴力、奴役、對抗、衝突等就產生了。為什麼很多人都是「點狀思維者」？這個世界真的都是「非黑即白」、「非此即彼」的嗎？其實，我以前也有這種思維模式。

有一段時間，我一直認為，有的人之所以在都市裡感到焦躁不安，就是因為我們與自然及我們的內心失去了聯繫。所以，雖然身處上海，我一直認為終有一天我得歸隱山林，因為只有這樣我才能獲得最終的寧靜與自在。相反地，如果一直在都市之中，我就會常常感到焦慮不安。那時，我認為人生只有兩種選擇：要麼在山林中生活，要麼在城市裡奮鬥。

直到後來愛上中國園林，我的這種思維定式才澈底改變。

自春秋戰國以來，對中國的文人來說，「隱於山林」和「入仕為官」一直都是彼此對立的。所以，很多中國文人都必須在「隱於山林」與「入仕為官」之間做出選擇（要麼「隱居」，要麼「入仕」，比如，陶淵明就選擇了隱居山林，並因此寫下了「採菊東籬下，悠然見南山」的詩句），直到唐代王維的出現，他做出了一個與眾不同的選擇──在城市附近建造園林。

這樣，將園林之門推開走出去時，他就實現了進入仕途，也就是「入世」；當走回園林時，他就又能享受園林與生活之美了，即「隱於山林」，也就是「出世」。因此，王維不需要再像陶淵明那樣澈底地隱於山林，也不必再像大多數人那樣永遠地生活在世俗之中。

這就是王維對於「出世」和「入世」的解決之道，他並未做出「非此即彼」的選擇，而是在「入世」與「出世」之間找到了一種平衡，從此進退自如、行於中道。後來，白居易也在洛陽城外建了自己的園林，實現了「進退自如」，還寫了以下詩句：「進不趨要路，退不入深山。深山太濩落，要路多險艱。不如家池上，樂逸無憂患。」

自此，從春秋戰國以來中國文人一直無法解決的「仕」

與「隱」的問題終於得到了解決。

這就是中國園林教給我的重要人生哲學——並非所有選擇都得非黑即白、非此即彼，還有一種選擇叫進退自如、行於中道。

聖雄甘地也是運用「第三選擇」的經典例子。面對英國殖民者的不平等待遇，甘地既沒有選擇逃避，也沒有選擇武力對抗，而是做出了「第三選擇」——非暴力不合作。正是在聖雄甘地的領導下，印度朝著獨立國家的目標前進了一大步。

當我的家人或朋友有類似困擾時，我都會問他們一個問題：「除了眼前的兩個選項，如果還有第三選項，你覺得會是什麼？」

我有個朋友在幾個工作選項中持續糾結，長達好幾年。當我帶著她梳理了自己的願景後，她開始意識到自己要走的方向。然而，她依然無法做出抉擇，因為剩下的兩個選項裡沒有一項是能一步到位，讓她實現願景的。這時，我就問她：「除了你跟我說的這兩個選項，如果還有第三選項，你覺得會是什麼？」

後來，她果然想出了「第三選擇」——維持現有工作，然後將所有的業餘時間都投入自己所熱愛的寫作中，等寫作

上有了一定的成果後，就可以專職從事寫作了。

　　當想出這個「第三選擇」的時候，她的臉上綻放出了由衷的喜悅與滿足。現在，她正堅定地走在這條路上，每天不再糾結。因為她把從前用於糾結的時間和精力都用在了現在的努力上。

　　這就是「第三選擇」的力量，當走出「非此即彼」的思維模式後，你一定能感受到世界正在變得更加寬廣。

　　正如那句非常著名的話所說的：如果你只會一種做事的方法，那你就和機器人無異；如果你只會兩種做事的方法，你就會陷入兩難的境地；如果你想真正地擁有靈活性，你就必須至少掌握三種做事的方法。

05 /

無邊界思考法
若有宏大的人生觀，人生還有何難解之題

　　本節將會進行一個非常有趣的討論，看完後，你就會發現自己的人生觀已在不知不覺間發生了改變。

　　接下來，我們先從「什麼是有限的遊戲與無限的遊戲」這個話題說起。

有限遊戲與無限遊戲

　　哲學家、宗教研究學者詹姆斯・凱斯把人類的所有活動都看成一次次的遊戲。其中，大多數的人類活動都是有限遊戲。比如，在社會上獲得頭銜、取得權力的活動就是一種非

常重要的有限遊戲，它有一系列的運行機制（如政治、法律、財產等方面的），以讓人們聚焦在有限遊戲中。再比如，戰爭也是一種有限遊戲，它的目的是掠奪更多資源，獲得更多權力。可見，有限遊戲就是那種以取勝為目的，不斷在邊界內玩的遊戲，它只有一種結局——輸或贏。

無限遊戲則是以延續為目的，在延續的過程中產生出無數種可能性與結局的遊戲，比如文化等。

從本質上來說，有限遊戲與無限遊戲的最大區別就在於：有限遊戲以取勝為目的，無限遊戲以延續遊戲為目的，有限與無限的本質區別在於有無邊界。

有限遊戲的參與者為了取勝，在有限的時間裡自願為自己設定了很多邊界，主動放棄了自己的一部分自由。

無限遊戲的參與者則將時間拉長到一生，他們不以取勝為目的，而是主動延續著各種無限遊戲，以達到根本自由的狀態。他們的邊界只有一個，就是生命的終結。

有限遊戲有很多邊界，而無限遊戲只有一個邊界。

無邊界思考法

無邊界思考法，是讓我們用無限遊戲的方法去思考人生

中的一切，從而打破有限遊戲中的各種邊界，獲得人生自由的思考方法。

很小的時候，父母和老師就讓我們參加一個名為「好好讀書，努力考第一」的有限遊戲，而且每次遊戲都有排名、都有贏家。

後來，遊戲變得日益殘酷，從小學升國中，國中升高中，一直到高考，每一次遊戲，我們和父母都如臨大敵。於是，在一輪輪日益殘酷的有限遊戲裡，我們忘記了自己對這個寬廣世界的好奇與探索之心，迷失在對遊戲勝利的追逐之中。

上大學後，我們終於感到這個遊戲不再那麼殘酷，忽然有時間讀書、玩耍、談戀愛了。然而，在大三時我們卻再次發現，還有一個更加殘酷、名為「看誰能找到好工作」的有限遊戲在等著我們。於是我們突然醒悟，立刻投身於考研、考 GRE，為筆試和面試做準備的浪潮之中。

最後，我們總算找到了一份看起來還不錯的工作。可是，還沒來得及喘口氣，又開始了新一輪的有限遊戲，這個遊戲的名字叫「看誰升遷早，看誰賺得多，看誰住的房子大，看誰娶的老婆更漂亮，看誰的孩子更聰明」。

玩遊戲之初，我們的時間很充裕。那時，我們還有一些夢想和對未來的期待。然而，隨著時間的流逝，我們發現自

己擁有的可能性越來越少。選擇開始變得越來越重要，也越來越艱難，我們常有一步不慎、滿盤皆輸的危機感。年輕時，我們可以輕易做出嫁人、換工作、出國讀書的決定。然而，隨著年齡逐漸增長，我們做每一個決定的機會成本也在與日俱增，於是我們認定自己絕不能再繼續任性。於是，在距離生命終點很遠的時候，大部分人就替自己做了最後的決定——在有限的遊戲裡繼續輪迴。

在玩有限遊戲的過程中，大多數人都過得大同小異，我們也慢慢活成了同一種人，那就是以取勝或比周圍的人更好為目標，永遠處在社會主流價值觀邊界之內的人。可惜的是，與此同時，我們也失去了一些自由。因為我們自動將自己的人生框在了一個個狹小的方框裡，難以動彈、進退維谷。

此時，我們就需要用無邊界思考法打破人生的種種限制，活出無限遊戲的自由。那麼，我們具體該怎麼做呢？關鍵包括三點：消除時空邊界、消除角色邊界、修改規則。

我們可以將整個一生作為玩遊戲的時間框架，而不是將時間限制在一個月、一年，或是 30 歲之前、35 歲之前等；我們可以放開對自己的角色束縛，而不是將自己限制在「我只是大專畢業，所以只能怎樣怎樣」、「我是一個女生，所以只能怎樣怎樣」的角色邊界中；我們可以重塑自己的信念，

而不是將自己限制在「我必須要證明自己」、「我必須要贏」、「我的同學都有房，我也得有房」的信念之中。這時，我們就會發現，人生能做的事其實是非常多的。我們為自己設定的各種時間空間限制、角色限制、輸贏規則、限制性信念，都在無形中將我們框在了有限遊戲之中。

如果我們能做到擴展邊界、探索邊界，人生將會變得非常不同。正如詹姆斯‧凱斯所說：有限遊戲是有劇本的，而無限遊戲是傳奇性的。

其實，人類誕生本來就具有傳奇的性質。如果我們想要續寫這種傳奇，我們就該活出自己的特色，挖掘自己的天賦。這樣，我們的心態才能是開放的，不再執著於輸贏，也不再局限於各種邊界，而是期待不斷改變與探索，樹立一種宏大的人生觀。

如果能有宏大的人生觀，那人生還有什麼難解之題呢？這就是無邊界思考法帶給我們的無限遊戲的人生，它是能讓我們獲得終極自由的思考方法。

人生的無限遊戲

我們該如何開始人生的無限遊戲呢？我們要先設計幾個

無限遊戲，然後再將它們真正付諸實踐。依據這個思路，我
為自己的一生設計了五個無限遊戲，供大家參考。

無限遊戲 1：對知識的探索

羅素說：「三種純粹而極其強烈的激情支配著我的一生，
那就是對愛情的渴望，對知識的追求，以及對人類苦難痛澈
肺腑的憐憫。」

總的來說，知識可分成兩種：一種來自書本，一種來自
實踐。前者依賴於讀萬卷書，後者依賴於行千里路以及閱人
無數。兩者密不可分，都很重要。

我們越在知識的海洋裡遨遊，越會發現知識的海洋沒有
邊界。無論多麼努力，我們用一生的時間去追求知識也依舊
感覺時間不夠用。然而，在這個過程中，我們會感覺無比愉
悅。在對知識的探索中，我們也會在不知不覺間變得更為謙
遜，因為我們知道一山更比一山高。同時，藉由學習不同領
域的知識，我們也擁有了很多不同的視角。

對於知識的認知，我們會經歷四個階段：

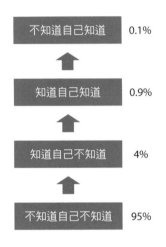

圖 **4-8**　認知的四個階段

　　我們變得不想再玩有限遊戲、爭奪第一、終日比較；我們只想比過去的自己更博學、更充實，達到「不知道自己知道」的最高境界。

無限遊戲 2：對智慧的追求

　　智慧與知識是兩碼子事。古希臘諺語說，要從你所經歷的一切中獲得理解。這種理解就是智慧。智慧是指將智力、知識、經驗和判斷等綜合起來，以某種方式融會貫通後，所形成的理解。換句話說，一個人把所經歷的一切融會貫通後，所形成的自身見解，就是智慧。

　　和知識相比，智慧是更難獲得的。如果沒有自己的思考與實踐，我們得到的將永遠只是零散的知識與方法。當面臨重大問題與抉擇時，你會發現自己不堪一擊。很多年前，我寫過一篇文章，名為〈成為快樂的豬還是痛苦的蘇格拉底〉，文中論述了我為什麼明知痛苦卻依然想要獲得智慧的原因。其實，從那時起，我就清楚地知道，在通往智慧的路上，迷茫與痛苦不可避免。然而，與無知的快樂相比，我寧願選擇前者。

無限遊戲 3：對美的嚮往

　　為什麼對於美的嚮往也是一種無限遊戲呢？因為美無處不在，而對美的追求永無止境。

　　藝術之美是一種來自靈魂深處的戰慄，是自由自在的生命表達，是永不停歇的解放和突破。而自然之美，則是藝術之美生生不息的泉源，是生動鮮活的生命力。

　　每當我在中國書畫展看趙孟頫的字、黃公望的畫，或是站在國外的博物館和美術館裡看米開朗基羅的雕塑、波堤且利的畫時，我都會無比真實地感受到來自靈魂深處的戰慄。如今，每年我都會花不少時間去各地看展覽。在看展覽的過程中，我與那些大師進行著一次次靈魂的交流，感受著他們

對美的執著、對生命的熱愛，或是對名利的淡泊、對生命的觀照。

這深深地影響了我的生命，我感覺自己也在發生質的變化──我對美的感受更加敏感了，對生命也有了更深入的體悟。

這種追求是永無止境的。

無限遊戲 4：對自我的覺知與探索

克裡希那穆提在《人生・教育・學習》裡寫道：「無知的人並不是沒有學問的人，而是不了解自己的人……了解由自我認識而來，而自我認識，乃是一個人明白他自己的整個心理過程。因此，教育（或者說學習）的真正意義是自我了解。」

哲學家斯賓諾莎說，人類所能希望達到的最大極限就是自我滿足。然而，沒有對自我的了解與深刻的覺知，滿足從何而來？

除了自我覺知外，還要自我探索，因為「我」不是固定不變的，「我」的潛力與能量遠遠比我現在所見的更大。

藉由多年的探索及持續學習，我總結了認識自我的兩種方法：一是向內的自我覺知，二是向外的不斷嘗試與探索。

總結一下就是，藉由一件件真實經歷的事、一次次向外的嘗
試與探索，以及一次次的情緒反應，我從不同的維度去進行
自我覺知，逐步畫出「我」的模樣，從而了解真實而多面的
自己。

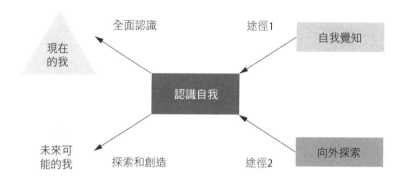

圖 4-9　認識並創造自我

　　向內的自我覺知和向外的不斷嘗試與探索這兩種方法絕
非孤立存在的，它們是合而為一的。如果沒有前者，後者的
嘗試與探索就只能成為一種經歷，而無法沉澱為思考以及對
自我的認識；如果缺了後者，前者就會變成無米之炊和無源
之水。

　　正如山本耀司所說的，「自己」這個東西是看不見的，
撞上一些別的什麼，反彈回來，我們才會了解「自己」。

其實，這句話與我所說的兩種認識自我的方法有異曲同工之妙：「撞上一些別的什麼」，說的正是我們需要不斷進行嘗試與探索，從而產生碰撞；「反彈回來，我們才會了解『自己』」，說的則是必須進行自我覺知，我們才能了解真正的自我。

同時，我們認識的自我既是一個，又不是同一個。因為這裡一共有兩個自我：一個是「現在的自我」，另一個是「未來可能的自我」。「現在的自我」說的是「我是誰」，而「未來可能的自我」說的則是「未來的我可能成為什麼模樣」。

前者，值得我們用一生去覺知；後者，則值得我們用一生去創造。

無限遊戲 5：對他人的幫助

作家傅真去印度的「垂死之家」做過義工，在其所著的《泛若不系之舟》這本書中，她講過一個真實的故事：

有一個在美國讀書的香港女生，先後來加爾各答做過七次義工，連大學她都特地輔修了印地語。大學畢業後，她終於再次來到此地長住，為一個非營利組織工作，在當地小學教書。她週一到週六都要上班，就連唯一的休息日，她也不閒著。每個星期天，她都會來「垂死之家」服務。她說，來

這裡工作比在家休息更讓她開心……

　　她說得很對，在幫助他人的時候，我們能感受到流動在我們與他人之間的能量。這種能量是如此溫暖而美好，既能消除他人的痛苦，又能化解我們自身的不安。

　　平時，我會為諮詢者提供一對一的教練輔導。在這個過程中，諮詢者會被強力賦能，而當我感覺到他的狀態越來越好的時候，我也會被強力賦能，這種感覺真的很好。

　　在這個世界上，有太多人需要幫助了，無論是精神上的還是物質上的。確切地說，在這個世界上，沒有人不需要幫助。幫助他人當然是一個沒有邊界，能一生持續下去的無限遊戲。

　　從本質上來說，無邊界思考法正是對我們人生觀的拓展與重塑。當你的人生觀從狹隘、有邊界變得寬廣、無邊界的時候，很多問題自然會迎刃而解。這也是升維思考的厲害之處，有時根本無須解決問題，問題就會自行消解。

06 /

塑造者思考法
沒學過火箭技術，就不能造火箭嗎？

跳出最小阻力路徑

　　我有一位朋友，她說很想改變自己與母親之間的關係，但嘗試了很多辦法都沒有效果。她的母親總愛批評她，每次都會引起她的強烈不滿，然後她就會反擊。這時，她的母親會覺得她太不孝順，於是非常生氣。兩人每次都會陷入冷戰。每一次的冷戰都會讓她陷入自己不孝順的自責之中，雖然自責，但下次這樣的事依舊會發生。

　　如要深究此中原因，則可以追溯到她的童年。如果我是一名心理醫生，我可能會跟她聊聊她童年時發生的各種事情，

看看哪些事情對現在的她造成了如此巨大的影響，以至於影響了現在她與母親的關係。然後，我們再想辦法加以改善。

但是，我沒有這樣做，我問了她一個問題：「如果把現在當成零，從現在，也就是從這個零點開始進行創造，你想在你與母親之間創造一種什麼樣的關係？」

原本她來找我時，情緒非常低落。但是，當我問出這個問題後，她的眼睛開始閃爍期待與喜悅的光。思考這個問題的時候，她的眼睛盯著不遠處的天花板，向我描繪了她所期待的一個畫面：她與母親手挽著手在社區的花園裡散步，有說有笑，她說的是白天工作的事，母親說的是昨晚所看的電視劇的情節。當她們散完步的時候，她們給了彼此一個溫暖的擁抱。

在進行這些想像和描述的時候，她的話語裡充滿了愛與溫暖，她的眼睛裡充滿著期待。

我問她：「想到這幅畫面的時候，你感受到了什麼？」她說：「我感受到了愛、理解與溫暖。」

我又問她：「如果從零到十打分，你現在的幸福指數是多少？」她說：「十分。」

然後我問：「對你來說，這個夢想中的畫面變為現實意味著什麼？」

　　她說：「因為我缺少愛和理解，所以，我非常需要母親對我的愛和理解，以及由此而來的幸福。我非常渴望這種幸福。」

　　我說：「如果從零開始進行創造，你想怎樣將這幅畫面變為現實，獲得十分的幸福？」

　　她想了想，回答我：「以後在母親批評我時，我會想她這是為我好，我不會再跟她頂嘴。我每週會跟母親去散一次步，每次散步時都說好兩人不吵架，要手挽著手，一起聊聊這週遇見的好玩的和有趣的事。每週去看母親的時候，我會主動抱抱她，雖然以前我從未擁抱過她，這對我來說可能有點困難。我還想每次見面都跟她說我愛你，雖然以前我也從未說過。」

　　自從這次對話後，她與她母親之間的關係發生了非常大的轉變。如今，她每次都會主動給母親一個擁抱，並對她說「我愛你」，母親對她的批評也變少了，說話也柔和了。她們每週會一起散步，在不吵架之後，每週一次的散步與聊天讓她們的心走得更近了。母親以往一直反對她的決定，現在也不再那麼反對了，母親變得更願意聽她的想法了，不再像以前那樣，直接給出批評的意見。就這樣，她們母女之間的關係發生了巨大的變化。

其實，在這段對話中，我從來都沒問過她的母親批評她的原因，也從來都沒問過她冷戰的原因。我只是問了一個非常簡單的問題：「如果把現在當成零，從現在，也就是從這個零點開始進行創造，你想在你與母親之間創造一種什麼樣的關係？」

於是，那個出現在腦海中的和諧畫面就成為指引她找到改變方法的巨大動力，她沒有回到過去早已習慣的路徑中，重複一次又一次的冷戰。相反地，她受到美好願景的指引，選擇了從零開始創造，她主動選擇了改變，並因此影響了母親，形成了一個不斷變好的增強迴路。

這一切究竟是怎樣發生的呢？原因並不複雜：她用創造代替了她的最小阻力之路。那麼，什麼是最小阻力之路呢？

《最小阻力之路》的作者羅勃・弗利慈住在波士頓，來波士頓的朋友常常問他：「當年你們是怎麼規劃道路的？」（如果你去過波士頓就會發現，那裡的街道沒有什麼規律可循，有很多迂迴曲折的街道。）

事實上，波士頓的道路完全是利用既有牛徑拓寬而成的。這些牛徑又是怎樣形成的？

牛行走時通常會隨著地勢起伏，找尋最容易的路徑，前面有山，牛就不會強行穿越。相反地，牠會挑選當時最好走

的路線，哪怕是要繞到山的另一頭。換言之，牠的行走路線取決於地形結構。久而久之，牛徑隱然成形，行走愈加方便。

可以說，地形決定了牛群移動的軌跡。現代波士頓的都市規劃，也正是隨著 17 世紀牛群的行走路徑這麼走下來的。

可見，在一個結構中，能量往往會沿著最小阻力路徑行進。換言之，能量在流動時，一定會找尋最容易的路。在既有結構中，牛會習慣性地走那條最容易的路，這是因為在既有結構中，能量總會沿著最小阻力路徑行進。最小阻力之路就是在既有結構中，已經走了很多遍，阻力最小、最自然而然的那條路。不但牛如此，自然界的一切都是如此。

同理，我們經常用來解決問題的方法，其實也是由在既有結構中已經做過很多遍，阻力最小且最自然而然的思維模式、心智模式和行為模式所決定的，而這種固定下來的模式就是我們的最小阻力之路。

因此，對我這個朋友而言，最小阻力之路就是這樣一種行為模式：母親批評她，她頂嘴，然後二人陷入冷戰。按照我們之前學過的系統性分析方法，這種行為模式的本質就是一個會導致系統崩潰的增強迴路。然而，這個增強迴路早已在兩人之間形成，這也就成了她和母親重複了很多遍、阻力最小且最自然而然的行為模式，成了她和母親每次都會不自

覺地選擇的解決問題方式。然而，越想解決這個問題，問題
似乎就越難解決。因為每當她想改變這種情況的時候，就會
出現再次被環境和既有行為模式拉回到舊路上的結果。於是，
她開始絕望，不知如何是好。這就是解決問題型思維，也是
大部分人正在使用的思維方式。

　　這時，我們就需跳出最小阻力路徑，啟動塑造者思維。

重塑人生

第一步，捫心自問「我想要的到底是什麼」

　　「我想要的到底是什麼」這個問題看似簡單，其實並不
容易回答。對於這個問題，我們一定要認真、持續地進行思
考，真實地面對。對這個問題進行思考也是非常值得的。

　　也許，有的人會說：「環境就是這樣，我又能如何呢？
我根本無力改變。我知道我想要的是什麼，但我根本就實現
不了，想了也白想。」這是真的嗎？現在，我們回顧一下之
前講過的邏輯層次理論。

　　在羅伯特‧帝爾茲的邏輯層次理論中，願景層在最高層，
然後依次是身分層、價值觀層、能力層、行為層和環境層。
邏輯層次理論告訴我們，高層次總是不可避免地在驅動著低

層次。當一個變化在高層次發生時（比如，我想擁有完美的身材，並且在頭腦中描繪出了關於這個願景的畫面），它往往就會影響到低層次的行為（比如，每週健身三、四次）。相反地，如果我們只在低層次上做出改變，而高層次的意識沒有發生變化的話，低層次上的改變常常是難以持久的。

　　解決問題型思維的起點正是 188 頁圖 4-1 中的最底層，即環境層（最小阻力之路就是在環境層形成的那條最容易的路徑）；而塑造者思維的起點則在圖中的最高層，即願景層。為何這樣說？因為解決問題型思維是從既有的環境出發來思考問題的解決之道的（其思考的是：既有環境與現實就是這樣，我根本沒有選擇，我只能接受現實。或者是，我已經嘗試過很多次了，依然無法改變現實，那就放棄吧）；而塑造者思維則是從自己的願景出發來思考問題的解決之道的（其思考的是：我想要的究竟是什麼？順著這個問題，就產生了一個非常真實的願景，以及一幅關於願景的生動畫面。因為這是依據自己真正想要的東西而產生的願景，所以我對它自然是充滿了熱情和期待，決心要將它變為現實，於是我打算這樣做……）。

　　以環境層為起點的思考，就是解決問題型思維，這就像是在面對一個象棋的殘局，在已有的棋局之上，可以創造的

機會所剩無幾，只有寥寥幾步，只能左右為難，舉步維艱。而以願景層為起點的思考，就是塑造者思維，這就像是給了你一個重新布局落子的嶄新棋局，你可以充分發揮自己的想像力與創造力，朝著自己的願景重新出發。當聚焦自己的真實願景時，你就會擁有無限的勇氣和創造的力量。在運用解決問題型思維時，你聚焦的是那些已經根深蒂固的問題，自然感覺煩躁、鬱悶，無能為力。

　　許多人堅信環境決定了我們能做什麼或不能做什麼，許多人終其一生也無法創造自己想要的生活，這是因為他們運用的是解決問題型思維。然而，我們真的無能為力嗎？如果是的話，為什麼在工作生活中，我們看到過那麼多來自相同環境的人卻有著不同的結局？為什麼在那些真實的故事裡，有那麼多處於相同環境的人，卻有著完全不同的人生？

　　你認為，正是因為環境，所以你無法創造出自己想要的結果，但實際上，有人在相同的環境中創造出了不一樣的人生。在現實生活中，這種人也被稱為塑造者，他們不是先看自己身處的環境怎樣，周圍的人都在做什麼，自己到底能做什麼，然後再幫自己找個定位；相反地，他們會先問自己想要的到底是什麼（也就是我們所說的願景），然後他們會一直琢磨到底怎麼做才能把這事做成。

　　伊隆·馬斯克就是這樣，他想讓人類移民火星。有人問他，你學過火箭科學嗎？馬斯克說：沒有，我的知識都是自己看書得來的，為了做這件事，我願意去學習火箭科學。

　　「橙王」褚時健也是這樣的人。2002 年，75 歲的他選擇重新開始——種柳丁。他的願景是：我希望我的人生價值都體現在當下，而不是昨天曾經如何。十餘年後，褚橙年產 10,000 噸，利潤超過人民幣 6,000 萬元。褚時健在雲南哀牢山上建的褚橙莊園早已成了商業界的楷模，他也成了一個傳奇。

　　他們都是塑造者，他們塑造的正是自己想要的人生以及想要的未來。相同的環境困住了很多人，而那些沒被困住的人正在過著完全不同的人生。

第二步，從零開始創造

　　當你確定了自己的人生願景後，就可以開始進行創造了。如何進行創造呢？不要從以前想過、做過，甚至是別人做過的事開始。你要重新開始思考，從零開始思考。

　　2018 年 4 月底辭職後，我參加了一個培訓課程。

　　上課的第一天，老師讓我們每人選一張符合自己心境的圖卡，並說明選擇這張卡片的原因。有的同學選擇了樂團指揮的卡片，有的同學選擇了幾隻手疊在一起的卡片，也有的

同學選擇了圖書館的卡片。

　　我則選了這樣一張卡片：畫面上的人縱身一躍，從聳立的峭壁上要跳到深海之中。為何選這張？因為對那時的我來說，深海代表的不是危險，也不是令人恐懼的未來；它代表的是自由、無限的可能，以及自己可以創造的嶄新世界。

　　也許你不會相信，在選擇這張卡片之前，從峭壁上跳入大海的場景就在我的夢中和想像裡出現過很多次。這個場景彷彿是一種召喚，對我最終做出的選擇發揮了非常重要的作用。

　　記得在我準備辭職時，周圍很多人一邊佩服我的勇氣，一邊語重心長地跟我說：「你就這麼辭職了，如果幾年後又想回到職場怎麼辦？這樣做，你的職業生涯不但有了一個很長的空窗期，你需要做出充分的解釋，那時你的年紀也比現在大了幾歲，你所熟悉的工作也一定有了很多變化，你適應起來會非常困難的。那時候你該怎麼辦呢？」

　　說實話，這個問題若是沒有好好想過，我也不敢裸辭。回想 11 年前我碩士剛畢業的時候，不僅沒有積蓄、沒有工作經驗、沒有人脈，在上海也沒有住所。藉由努力、在過去 11 年的時間裡，我擁有了現在的一切。

　　辭職兩年後，如果沒能實現自己的理想，我還得重回職

場，那也比 11 年前的境況要好很多。因為現在的我不僅有積蓄、有工作經驗、有創業經驗、有人脈、有住所、有愛的人，還有這些年累積的一切。11 年前，我一無所有時都不怕，為什麼現在要怕？大不了就像 11 年前那樣從頭開始！再用 11 年的時間去好好工作，重新來過。為何要怕呢？

這就是從零開始思考、創造的思維，我們可稱之為零基思維。它是拿掉既有框架，讓思維回歸原點，從頭開始思考的思維方式。這種思維方式能最大限度地讓我們去進行創造。

這個概念其實最早來自財務領域。財務領域有個概念叫「零基預算」，是指企業在編制預算的過程中，所有支出均以零為基底，不參考過去的預算和營收水準的慣性，從根本上研究分析每項預算是否有支出的必要，以及支出數額的大小。

一般來說，企業每年編制預算的時候都應該把去年的預算表打開，在上面修修補補，做些調整。然而，零基預算打破了這種固有的預算編制模式，它不再參考過去的預算和營收水準，而是從根本上重新考慮需要支付的每筆費用。

為什麼會出現這種預算制定方法呢？原因很簡單。如果一直都參考往年的預算進行編制，企業的思維方式和行為模式就會非常自然地如法炮製。但是，如果能從零開始，企業

就必須重新開始思考到底需要什麼、不需要什麼，以及為什麼需要、為什麼不需要。

同樣，零基思維也是如此，它讓我們像在一張白紙上開始畫畫那樣去面對眼前的問題和困局。在一張白紙上畫畫意味著什麼？意味著你可以畫自己想要的任何東西，而不是在既有的框架內繪畫，按照老師的要求繪畫，或是只做簡單的填色遊戲。所以說，零基思維代表的是從今往後你擁有更多的可能性，以及創造的機會。

如果沒有這種思維方式，裸辭前的我會怎麼想呢？我會想，奮鬥了這麼多年，我才混到今天這樣，現在是我這些年收入水準最高的時候，一旦辭職，我不但沒有了收入，就連「四金」（指中國五險一金中由個人繳納的部分，包括養老保險金、醫療保險金、失業保險金和住房公積金）都得自己繳。折騰上一、兩年如果沒能成功，我還得灰頭土臉地回到職場，繼續過朝九晚五的生活。這樣，我損失的便不僅僅是這兩年的收入，還有這兩年的時間，甚至包括這兩年我投入的資金。何必呢？我還不如在職場中好好工作呢。

看到這裡，相信你已經看出了這兩種思維方式的巨大差異。當你開啟自己的創造歷程時，切記，沒有任何一條創造之路是絕對正確的。不論是畫畫、作曲還是寫作，都沒有所

謂絕對正確的方式。你所做的事情更多地與你的價值觀、天賦才幹、個人風格、偏好等相關。當你在自己的人生道路上進行創造的時候，你會成為自己人生的專家。

隨著你創造的事物越來越多，你的創造力會逐步提升。慢慢地，你會成為一個總能跳出框架創造性解決問題的人，成為一個真正的塑造者。

可能有人會說，有些事是無論如何也無法用塑造者思維來看的。在這裡，我想到了在《第一眼就看出問題：七種方法，鍛鍊你的預判力》這本書中，作者提到的一個真實故事。

有一次，我做了一場演講，一位女士在演講結束後來找我。她說：「我有一個問題，但是我無法解決。」

她最近被診斷為癌症晚期，腫瘤發展得很快，她只剩半年左右的壽命了。

「我簡直像生活在人間地獄，」她說，「我不想死，可是我知道我就要死了。這個念頭揮之不去，我到底該怎麼辦？」

「對於這樣的診斷結果我很抱歉，」我說，「我們當然都知道人終有一死。但當你清楚地知道自己何時會離開時，一切就又完全不同了。」

她點點頭，我們都沉默了片刻。

「我可以提一個建議嗎？」我問，她點點頭。「與其想著命不久矣，不如想想現在的生活該怎麼過，以享受生命剩餘的時光。」她的臉忽然變得明朗起來，我看得出來，她聽懂了我的意思。

大約一個月後，我收到了她的來信。她在信上說，想法一轉變，她的生活也澈底發生了改變。她開始安心享受生活中的樂趣、美好和快樂，而在此之前，她一直惶惶不可終日。她知道自己快要死了，這個問題她解決不了，但她可以跳出這個問題來生活。

跳出這個問題來生活，就是重新進行創造，創造就是超越。超越是一種重生的力量，讓我們得以重新開始，開創新局，擺脫束縛，擁有第二次機會。藉由創造，你就能實現超越。超越之後，一切再也無關過去：無論過去的你戰無不勝，還是屢戰屢敗。超越過後，你得以創造新的人生，不用因為過去的勝負而有所負擔。它召喚的正是一種從零開始的力量，是一種全新的狀態，一旦進入那種狀態，你就能活出新的可能，實現過去幾乎無法想像的一切。

可見，跳出框架，重新開始創造，成為自己人生的塑造者，就是終極版的升維思考。

最後，我想用蕭伯納的一句話與你共勉：人們總是抱怨

他們成為現在的自己是因為所處的環境，但我不相信這是因為環境。改變世界的是這樣一群人，他們尋找夢想中的樂園，當他們找不到時，他們就會親手創造。

本章小結

1. 升維思考是什麼（**What**）

跳出眼前問題的限制與常規解法，藉由層級、時間、視角、邊界、位置、結構的變換，重新思考問題及其解決之道的思考方式。

升維思考的本質是對價值觀、人生觀、世界觀的重新審視、拓展與重塑。比如，層級思考法和時間軸思考法是對自我價值觀的審視；視角思考法是對世界觀的拓展和重塑；無邊界思考法是對人生觀的拓展和重塑。

2. 我們為何需要升維思考（**Why**）

因為升維思考能為我們帶來行為上的實質改變；有些問題如果不升維思考就無解；升維思考可以讓我們更加了解自己的價值觀，並擁有更宏大的人生觀和更高階的世界觀；升維思考能讓我們重新獲得開始的機會，創造自己真正想要的人生。

3. 如何進行升維思考（**How**）

升維思考的六大武器：層級思考法、時間軸思考法、視角思考法、第三選擇思考法、無邊界思考法和塑造者思考法。

事實上，升維思考的方法還有很多，大家可以關注我的微信公眾號（ID：艾菲的理想）。

第五章

逆向思考

為什麼聰明人都愛反著想

　　在談到自己能夠在數學領域取得成就的祕訣時，數學家雅可比說：「逆向，永遠要逆向思考。」因為雅可比知道，許多難題只有在逆向思考的時候才能得到最好的解答。

　　當年，幾乎所有人都在試圖修正馬克士威的電磁定律，以使它符合牛頓三大運動定律。愛因斯坦卻轉了個 180° 的大彎，修正了牛頓的定律，讓其符合馬克士威的定律，結果愛因斯坦提出了相對論。因為愛因斯坦知道，真理有時就藏在相反的方向裡。

　　當大多數人都在研究如何獲得幸福、如何獲得成功的時候，查理‧蒙格則認為：如果要明白人生如何得到幸福，就要先研究人生如何才能變得痛苦；要研究企業如何做強做大，就要先研究企業是如何衰敗的。因為查理‧蒙格知道，有時正向思考未必能將我們帶到想去的地方，而逆向思考卻可以。

　　這就是聰明人都愛用的逆向思考。那麼，什麼是逆向思考呢？逆向思考是對司空見慣的、似乎已成定論的事物或觀點反過來想的一種思考方式。

　　下面，我們來看五個非常重要的正向—逆向模型：成功—失敗模型、變化—不變模型、加法—減法模型、幸福—痛苦模型、組合—反向模型。

01 /

成功─失敗模型

有了「篩檢程式」，我們就能在 10 秒鐘內對 90%的東西說「不」

　　有個鄉下人說：「要是我知道我會死在哪裡就好了，我將永遠不去那個地方。」這句簡單的話閃耀著智慧的光芒，其本質是，想要得到 X，就得先研究如何避免 X 的反面。所以，想要獲得成功，就得先研究如何才能避免失敗。

　　這就是「成功─失敗」模型，正向思維聚焦於成功的原因，逆向思維聚焦於失敗的原因，而這個思維模型可以讓我們在看到成功的原因的同時，毫無遺漏地關注究竟什麼會導致失敗，在實踐中我們又該如何提高成功的機率。

誤判心理學和行為經濟學

我們之所以會有錯誤和非理性的行為，是因為粗心、考慮不周、缺乏經驗，還是能力有限？都有可能。出現錯誤和非理性行為的一個重要原因，就是誤判心理——由於心理習慣所產生的誤判。

可以說，誤判心理學是一種逆向思維模式，因為它研究的不是如何讓人們更成功、更富有或更幸福；相反地，它研究的是，到底哪些心理反應會讓人們做出錯誤的、非理性的判斷與決策。

查理．蒙格說，想要避免非理智行為，最好能對自己腦中的怪癖了然於胸，然後才能及時預防。在《窮查理的普通常識》中，查理．蒙格總結了 25 種導致判斷失誤的原因，「避免不一致性傾向」就是其中之一，而且極為常見。

「避免不一致性傾向」的意思是，人們討厭前後不一致，總想著將前後協調、統一。當「避免不一致性傾向」與「討厭不確定性傾向」結合起來的時候，就會產生非常可怕的後果——過早地做出決定但永不改變。於是，我們中的很多人就會一直抱著在小時候就已形成的錯誤觀念，直到進了墳墓還不放手。

　　相反地，如果我們能了解這 25 種導致判斷失誤的心理傾向，並開始關注那些會導致錯誤判斷與決策的心理反應，我們就會意識到可能的認知陷阱，從而避免掉入陷阱。

　　其實，除了誤判心理學，行為經濟學也幫我們總結了不少人們在不知不覺間做出的非理性行為與選擇。在過去的傳統經濟學中，有一個非常重要的假設，即理性人假設。然而，隨著行為經濟學的出現與研究的深入，研究者發現，人其實不總是理性的，而且這種不理性行為還有著一定的規律。

　　比如，有這樣一個實驗：A. 你一定能賺 30,000 元；B. 你有 80％的可能賺 40,000 元，20％的可能什麼也得不到。你會選擇哪一個？實驗結果是，大部分人都選擇了 A。這就是著名的行為經濟學家丹尼爾‧康納曼提出的前景理論。

　　A. 在確定性的收益和賭一把之間，多數人會選擇確定性　　　收益。（確定效應）

　　B. 在確定性的損失和賭一把之間，多數人會選擇賭一把。　　　（反射效應）

　　C. 白撿 100 元的快樂，總是無法抵消遺失 100 元的痛苦。　　　（損失規避）

　　D. 在「其他人一年賺 6 萬，你一年收入 7 萬」和「其他　　　人一年賺 9 萬、你年收入 8 萬」的選擇題中，多數人

　　　　竟然會選擇前者。（參照依賴）

E. 很多人都買彩券，雖然可能贏錢，但基本上贏得很少，
　　買彩券的錢可能有 99.99％ 都拿去支持福利事業和體育
　　事業了，卻還是有人心存僥倖。（迷戀小機率事件）

　　事實上，不論是誤判心理學，還是行為經濟學，我們都
能從中看到人類的心理、認知和情緒對行為決策的巨大影響。
當理解了這些理論後，我們就會擁有抵抗非理智行為的智慧
與力量，從而做出正確、明智的決策與判斷。

大敗局和小敗局

　　著名財經作家吳曉波說：在任何一個商業社會中，成功
永遠是偶然和幸運的……對企業家來說，失敗是職業生涯的
一部分。所以，我們要去思考失敗，也正是基於這樣一種思
路，吳曉波寫了兩本非常有名的書——《大敗局》和《大敗
局 II》。在這兩本書裡，他探尋了一些企業失敗的原因。

　　在創作《大敗局》時，吳曉波肯定想不到這本專門講企
業失敗的書，後來竟成了 MBA 教學的重要參考讀物。這一切
則源於吳曉波的逆向思考。因為他對商業和企業的逆向思考，
我們才得以看到一個個真實鮮活的商業故事，看到究竟是什

麼導致了企業的失敗，從而獲得成功的啟發。

在《大敗局》中，吳曉波寫道：「從動筆之初，我就想把這本書寫成一本分析性的著作，我們必須儘量地弄清楚危機是如何發生、如何蔓延的，受害者是怎樣陷入危機的。唯有這樣，我們才有可能在未來的歲月中盡可能地避免第二次在同一個地方掉進災難之河……」

那些失敗的故事雖然都是別人的，但對於每一個正在創業的人來說，這些故事都有著十分重要的借鑑意義。當閱讀這些真實故事的時候，我們也在不斷了解到底哪些是可能導致失敗的因素，並不斷提醒自己去規避這些風險。正如吳曉波所說：失敗是後來者的養分。我們要運用這養分，思考自己的路，灌溉自己的事業。

後來，對沖基金管理人張瀟雨在「得到」專欄中，開了一個名為「小敗局」的系列，用來分析近幾年失敗的商業案例。在這個系列中，他一共分析了導致企業失敗的五大原因。

失敗原因一：產品沒人要

「產品沒人要」大概是最常見的失敗原因了。既然一切商業的出發點都是消費者受益，那麼如果你的產品沒有人需要，你就等於失去了成就任何一種商業的基礎。正如有句話

說：不管你是特別擅長融資，還是特別擅長銷售，或者特別擅長程式設計等，如果你無法做出人們想要的產品，你就一定會失敗。

失敗原因二：無法保持專注

YC 公司（Y Combinator，一間創投公司）合夥人潔西卡‧利文斯頓說：在看了這麼多公司之後，我發現對於初創公司來說最重要的品質就是專注，尤其是專注在產品和使用者上。我可以輕易地列出很多「看起來像在努力工作，但實際上對早期公司沒什麼幫助的事情」，比如，和投資人喝咖啡、去各種場合社交、幫公司找各種「顧問」、和一些公司進行「策略合作」等。

失敗原因三：不量化你的增長

「現代管理學之父」彼得‧杜拉克有句名言：如果你不能量化一件事，你就無法改進它。因為你無法改進你不能衡量的東西，所以你首先需要量化你的增長。

失敗原因四：隨意亂花錢

由於現在融資環境越來越成熟，所以亂花錢的公司也越

來越多。在營運一個企業的時候，一定不能按照「一切都發展順利的話會怎樣」的情景來設定預算和自己的開銷，因為這樣的容錯率太低，一旦發生什麼意外——而且意外一般肯定會發生——自己就會面臨很大的風險。

失敗原因五：動機錯誤

YC 公司合夥人潔西卡‧利文斯頓又說：我發現，非常成功的創業者和一般成功的創業者以及失敗的創業者之間，往往有一個很大的區別，那就是他們的動機和動力來源往往不同。特別成功的創業者，往往也不排斥靠創業發財，或者希望自己看起來特別酷，但他們一定會有一些其他的動力，比如非常狂熱地喜歡和信仰自己做的東西。

「事前驗屍」法

「事前驗屍」法是提前思考失敗的可能與原因的方法，可用於對行動方案做出初步決策之後和採取行動之前。它要求參與其中的每個人假設所提議的行動方案已經實施卻不幸失敗。

「事前驗屍」的會議通常是這樣的：設想我們在一年後

的今天已經實施了現有的計畫，但結果慘敗，請用 5 ～ 10 分鐘寫下這次慘敗的原因。然後，仔細考慮每個人提出的失敗的原因，再根據這些失敗的原因調整行動方案。

這種方法的好處是：第一，決策方案快要擬定好時，很多團隊成員會受到集體思考的影響，「事前驗屍」法可以遏制這種影響；第二，它能激發那些見多識廣的人的想像力，並將他們的想法引導到最需要的地方。總之，這種方法能幫助我們避免由盲目樂觀導致的悲慘結果。

比如，一隊攀登聖母峰的遠征隊可以在事前想像一下登頂失敗的原因，他們發現，這些原因可能包括航班延誤、海關問題、物品供應問題和消化疾病問題等。這就是「事前驗屍」法。這時他們會意識到，失敗的真正原因可能並不是山，而是許多小問題的相互作用。這時，他們就能擬定更好的解決方案：盡可能解決後勤問題。正如一家公司的宣傳手冊上所說的：我們對攀登聖母峰和世界其他高山時食用的食物及準備工作的關注，讓我們的團隊成員很少出現腸胃問題。

這種思考方法與《孫子兵法》的理論不謀而合。有人可能認為《孫子兵法》考慮的是如何才能贏得戰爭。但實際上，《孫子兵法》是以失敗為前提來考慮問題的。在開始做一件事情時，《孫子兵法》會先假設如果這件事失敗了怎麼辦，

然後所有的思考、分析、判斷、謀劃、決策都圍繞著如何避免失敗、減少代價來展開——先讓自己立於不敗之地，再想辦法獲得成功。

「事前驗屍」法與《孫子兵法》中的先思考失敗再思考成功的策略都是典型的逆向思考。逆向思考法可以被廣泛運用於創業和企業的重大決策中，也可以被運用在銷售過程中和專案計畫中。

當一名銷售人員在為贏得專案做準備的時候，他不僅要思考關鍵的成功因素，並圍繞這些因素做充分的準備，他還需要進行逆向思考：如果競標失敗，失敗的原因可能是什麼，其中哪些原因可能是最關鍵的。當我們用這種方式進行思考的時候，我們的思維就得到了拓展，視野也因此打開了。

在一次競標準備的過程中，我先思考了關鍵的成功因素，並一一進行了落實。但不知為何，我卻總感到不安，總覺得少了點什麼。於是，我就靜下心來，將所有可能導致競標失敗的原因都梳理了一遍。結果，我真的發現了一個重大疏漏。於是，我趕緊在競標前兩天把這個疏漏補足了。最後的結果證明，幸好我提前意識到並補足了這個疏漏，不然那次競標肯定會失敗。

這就是逆向思考的好處——研究錯從哪來，以避免失敗。

不為清單

段永平（曾創立小霸王、步步高兩個知名品牌，後又做出 OPPO 和 vivo 兩大品牌）在回顧自己創業經歷的時候，提到了一個非常關鍵的詞——不為清單。

在大多數情況下，我們會為自己設定一些應該如何做事的原則，這些原則會告訴我們「要做什麼」。而段永平的「不為清單」則恰好相反，它也是一些原則，只不過這些原則是在告訴我們「不要做什麼」。

他為 OPPO 和 vivo 擬定的不為清單包括：沒有銷售部門，不單獨和客戶談價錢，所有客戶一個價格，這就節省了非常多時間；不做代工，因為代工的產品沒有太大的差異化；在資金方面，不進行任何有息貸款，這樣公司「永遠不會倒在資金鏈斷裂上」，大多數企業垮掉的原因之一正是借了太多錢。

段永平為自己擬的幾個通用的「不為清單」是這樣的：

A. 不要盲目地擴大自己的能力圈。人能做的事有限，你說什麼、能說什麼不重要，重要的是你做什麼、能做什麼。

B. 不要一年做 20 個決策。一年做 20 個決策肯定會出錯，

那不是價值投資。一輩子做 20 個投資決策就夠了。

C. 不懂不做、不熟不投。不懂、不熟的事上不下重注，抓住你能抓住的機會。

D. 不要走捷徑，不要相信彎道超車。彎道超車是不開車和不搭車的人說的，彎道超車總是會被反超的。

當我們思考做什麼才正確時，我們常常會找不到方向。如果這時我們能進行逆向思考，就會發現，先排除那些不該做的事，也不失為一種好辦法。「不為清單」就是這樣一種工具，它能發揮過濾錯誤選項的作用。

這就是逆向思考力的作用，它能在關鍵時刻充當我們的「篩檢程式」，將那些不正確、肯定錯誤或行不通的選項全部篩除，從而將我們推上正確的道路。正如巴菲特所說，有了「篩檢程式」，我們能在 10 秒鐘內對 90％的東西說「不」。

成功—失敗模型正是藉由對錯誤和失敗的思考，從而為成功打下堅實基礎的逆向思考模型。

02 /

變化─不變模型
用能量守恆定律，更新人生底層邏輯

　　古希臘哲學家赫拉克利特說，萬物在流轉；佛法說，諸行無常。這些說的都是同一個意思——天地間唯一不變的就是變。世界上永恆不變的就是所有事物都處在不斷的變化之中。

　　同時，物理學的一個重要定律——能量守恆定律告訴我們：能量既不會憑空產生，也不會憑空消失，它只會從一種形式轉化為另一種形式，或者從一個物體轉移到另一個物體，而能量的總量則保持不變。

　　動能消失，也許是變成了勢能；勢能消失，也許是轉化成了熱能。能量的具體形式瞬息萬變、難以捉摸，就像是不

斷流轉的萬物，總是在變，然而它的總量卻不變，這就是變化—不變模型。

正向思維關注變化，思考的是如何才能跟上變化的腳步；逆向思維聚焦於不變，幫助我們在看到周圍變化的同時，關注究竟什麼才是隱藏在諸多變化背後那些不變的東西，即支配著萬千變化背後的那雙看不見的手是什麼。

可以說，之前我們琢磨更多的可能是，怎樣才能跟上這個時代的變化，從互聯網到移動互聯網，從傳統零售到新零售……現在，我們要思考的是，在這個世界上，究竟什麼才是隱藏在諸多變化背後不變的東西？什麼才是支配著萬千變化的那雙看不見的手？

追隨前者會讓我們疲憊不堪，迷失在不斷變化的幻象中；而找到後者，則能讓我們擁有一顆篤定的心，從而更為堅定，並擁有長期主義的心態。

接下來，我們從宏觀、中觀、微觀三個層面來說說這個變化—不變模型。

宏觀層面

什麼是宏觀層面上的變與不變呢？

1. 週期性變化

週期性變化告訴我們，這個世界上有很多週期性的確定性。比如，四季交替、晝夜更替、潮汐變化、動物遷徙、股票的價格，以及經濟的週期變化等。

巴菲特的投資之所以無往而不利，原因之一就是他洞悉了週期性變化。他說，要在別人貪婪時恐懼，在別人恐懼時貪婪。

如果市場萎縮，我們可以知道什麼？無非是市場以後一定會擴張；如果市場擴張迅速，我們又能知道什麼？無非是市場會萎縮。因此，對於週期性的變化，其實我們每個人都能進行預測，只是無法預料出現的時間而已。

2008 年股市崩盤時，大多數股民驚慌失措，紛紛拋售所持股票證券，聰明的投資人卻悄悄買進受重挫的金融股。為什麼？因為他們知道，這是一個必然會發生的週期性變化。當經濟發展極快時，變緩就是必然；當經濟寒冬出現時，春天也就不遠了。當股市狂漲多日時，跌期定是不遠；當股市低迷許久時，上漲則是必然。這就是不變的週期性變化，這些變化能為我們帶來非常多的啟示，比如，如何面對經濟週期的波動，如何面對股市的大起大落，何時適合買入，何時適合賣出等。這背後隱藏著的，就是一雙看不見的手——週

期性變化。

2. 線性變化

　　線性變化是什麼？線性變化說的是那些非週期性的、漸進的、不是循環往復的，而是往單一方向發展的變化。比如，年齡增長、電腦運算速度加快、知識增長、專利和新發明的數量增長、科技進步等，都屬於確定的線性變化。

　　達爾文的進化論也是一種非常重要的線性變化，它說的是朝著單一方向的一種變化規律，那就是「物競天擇，適者生存」。

　　剛開始學習一樣東西時，我們總是感覺成效不高。但我們不必擔心，因為它總是會朝單一方向變化的，那就是我們總會積少成多、越來越好。

　　當我們一直待在舒適區時，我們就會遇到「物競天擇，適者生存」的壓力，因為它是一個必然會發生的變化。而這一切的背後，隱藏著的正是那雙看不見的手——線性變化。

　　無論是週期性變化，還是線性變化，都有隱藏在萬千變化背後的那個不變的規律。如果我們總在追隨變化，就會忽略隱藏在諸多變化之下的這些不變的規律。

中觀層面

　　中觀層面說的是商業和企業的層面，那麼從這個層面來看，又有哪些是不變的呢？

　　在商業這個層面，很多東西都在瞬息萬變，但至少有兩件事是永遠不會改變的：第一，一切商業的起點永遠都是消費者獲利；第二，人性是不變的。基於這兩件不會改變的事，我們知道了理解用戶、洞察人性正是商業行為的第一步。

　　針對一切商業的起點永遠都是消費者獲利這一點，我們需要去理解消費者的行為習慣和偏好。只有這樣，我們才能知道如何讓用戶獲益，以及如何影響他們。比如，消費者為什麼需要商品？消費者的表面購買動機與潛在購買動機是什麼？文化、歷史、人口、社會階層等如何影響消費者的購買決策？怎樣維持或改變消費者的態度？

　　針對人性不變這一點，我們首先需要理解什麼是人性。人性就是人所具有的正常情感，如貪婪、嫉妒、執著、恐懼等，簡單地說，就是貪、嗔、癡。

　　由於人性中的貪、嗔、癡，我們會有各式各樣的想法和念頭，比如，擔心自己比不上其他人、擔心自己的才能和自己的年齡不相符、想要擁有跟同事一樣大的房子、想要成為

同學中最美的那個……

當你理解了人性中亙古不變的東西，如人性的優點與弱點、痛點和爽點，以及為何會有烏合之眾的說法時，就會知道自己可以做怎樣的產品、提供怎樣的服務，以及如何定位、如何推廣等。

「微信之父」張小龍說，我們要去了解人們的欲望，藉由我們的產品去滿足他們。我們要滿足他們的貪、嗔、癡。我們要洞察這一點，這是因為我們的產品要對使用者產生黏著度，就是讓使用者對我們的產品產生貪、產生嗔、產生癡……當我們在做一個產品的時候，我們是在研究人性，而不是在研究一個產品的邏輯。

我們得站在用戶的角度思考問題，站在人性的角度考慮一切，而不能迷戀於創造各種自己覺得很棒卻沒有商業價值的產品。

那麼對於企業來說，不變的又是什麼呢？《基業長青》的作者柯林斯說，任何一個企業都有兩面，「陰」的一面和「陽」的一面，「陰」是不變的東西，「陽」是變化的東西。

在零售產業，阿里投資或與聯華、百聯、大潤發、銀泰和三江購物合作，騰訊則選擇沃爾瑪、永輝和家樂福。很多傳統零售產業的從業者都發出了「被時代拋棄」的感慨。同

時，盒馬鮮生、天貓小店等又湧現出來。整個零售產業讓我們看到了非常大的變化。但其實，有一點是一直都不曾改變的，那就是所有消費者都希望買到的產品更便宜、品質更好、選擇更多、送貨更快。所以，不論是線上電商，還是線下零售，這個核心都是不變的。

在媒體產業，雖然現在的傳統媒體已經式微，但有一點卻是不變的，那就是消費者對好內容的需求——消費者永遠希望媒體提供的內容更全面、更有趣，更深入透澈、更通俗易懂，同時內容的傳遞速度更快。所以，不論是傳統媒體還是新媒體，這個核心都不曾改變。

互聯網產業也一直在日新月異地飛速發展，從互聯網到移動互聯網，從博客到微博再到微信。那麼，有什麼是不變的嗎？至少有一樣不變，那就是人們對互聯網的核心需求不會變——人們希望藉由互聯網能夠既快速又方便地實現現實生活中所需要的一切。比如，藉由互聯網滿足閱讀、社交、娛樂、學習、消費、理財需求，以及藉由互聯網處理生活中的各種事務。

這就是三個產業中的變與不變。對於企業而言，就是要把握住其所在產業或整個商業的不變，將它做到最好，以不變應萬變。

　　一家基於移動互聯網的鮮花速遞公司「花點時間」就是這樣做的，它找到了「三新一不變」的規則。它具體是怎麼做的呢？「三新」說的是那些不斷變化的東西，包括新需求、新價值、新產品。新需求，是花點時間考慮除了過節時需要鮮花，人們在日常生活中的哪些節點還會用到鮮花，有沒有可能創造新的需求；新價值，是如何讓鮮花的購買變得更便利、讓收到鮮花的人更驚喜；新產品，是從場景、內容等方面重新定義鮮花這個產品。總之，「花點時間」不斷去嘗試、創造這些新的東西。

　　更重要的是，它的那個不變——供應鏈的效率和能力是始終不變的，是實現一切的基礎。

　　對於我來說，在辭職時，我就為自己定了一個創業原則，那就是始終圍繞以下不變的原則進行——讓用戶（如讀者、聽眾）受益。而具體的內容、方向、形式則是可以變化的。所以，不論是寫自媒體文章、寫書，還是做一對一教練、做線上課程、做線下培訓，我始終秉持著讓用戶受益這個原則。

　　不論寫的是關於思維躍遷的，還是關於自我認知的，每次寫作的時候，我都在思考著同樣的問題：這篇文章能讓讀者獲得真正有價值的東西嗎？如何用這個原理或方法幫讀者解決問題？如何讓讀者不僅能理解原理，還能掌握實踐方法？

因為始終遵循著這個原則，從做自媒體到現在，我的讀者關注量增長得很快，很多讀者也跟我說，他們從文章中收穫了很多，也有了很多真實的改變。這一切則讓我再次意識到，讓用戶受益這個不變的核心原則的真正價值與意義。

相反地，如果沒有找到這個核心的不變的原則，我肯定會陷入焦慮之中。就像前京東金融集團（現京東數字科技）CEO 陳生強所說：我天天在那看變的東西，卻沒找到不變的東西。一旦沒找著不變的東西，特別是未來三到五年不變的東西，我的內心是不可能安靜的。所以我的做法，實際上是去找未來三到五年到底什麼不會變，然後拿不會變的東西去應對不斷在變的東西。

微觀層面

如果從微觀層面，也就是從個人層面來看，有什麼是不變的呢？無論一個人多麼特立獨行，他都需要愛，這一點是絕對不會變的；無論一個人多麼了不起，如果他做的事情只對自己有利，而不能幫到更多人，他都是無法成功的，這一點也是不會改變的；無論一個人有多麼高的志向、多麼好的願景，如果他從未為此付出相應的努力，他都無法實現自己

的志向與願景，這一點也是無論如何都改變不了的。這些都是微觀層面上不會改變的東西。

那麼，如果我們只談個人成長與個人能力的增長，又有什麼東西是不變的呢？這就是你的可遷移能力。這裡說的可遷移能力，是指那些從一個工作轉到另一個工作、從一個產業跨到另一個產業，或者從打工者變成創業者、自由職業者或是全職媽媽後，那些依然能被不斷重複使用以及無障礙遷移的能力。

可見，可遷移能力是一種非常基礎的能力，是一種無論你處於哪個產業，在做哪種工作，你都會需要和用到的基礎能力。

那麼，哪些能力屬於可遷移能力呢？可遷移能力可分為底層的可遷移能力（思考能力）、中間層的可遷移能力（各種其他能力）和上層的可遷移能力（技能）。

底層的可遷移能力，即思考能力，包括本質思考力、升維思考力、結構化思考力、系統思考力、批判性思維、遷移思考力、逆向思考力、後設認知能力等。這些能力之所以是底層的可遷移能力，是因為它們就好像政府一直在做的基礎設施，如果沒了這些基礎設施，無論你開的是瑪莎拉蒂還是藍寶堅尼，都只能在坑坑窪窪、顛簸起伏的路上慢慢開，根

本不可能開快。同時，這些能力是可被廣泛遷移的，不論你做的是什麼，你都需要有一定的思考能力。即使你做的是一份體力活，如果你做體力活時動了很多腦筋，思考了很多提升效率、改善結果的方法，那麼你做得也會比其他人好。

中間層的可遷移能力，即各種其他能力，包括學習能力、溝通能力、談判能力、領導力、表達力、專案管理能力等。這些能力都很重要，但為什麼會被放到中間層呢？這是因為這些能力的提升都有賴於底層思考能力的提升。比如，你要提升學習能力，如果你有本質思考力，你就能很快洞察所學科目的根本屬性，理解它最根本性的底層邏輯，從而做到事半功倍。你想提升溝通能力，如果你有結構化思考力，那麼你的溝通邏輯就會很好，你的表達也就更有可能清晰有力。

上層的可遷移能力，即技能，包括寫作技能、英語聽說讀寫技能、資料分析技能、操作 Office 的技能等。

從下一頁的圖中我們可以看到，越是底層的可遷移能力就越通用，也越基礎；越是上層的可遷移能力就越個別，使用範圍也越小。

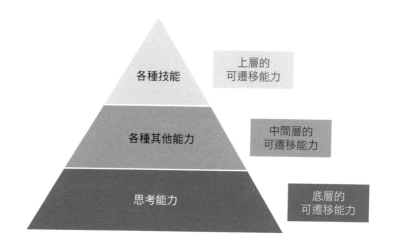

圖 5-1　可遷移能力模型

比如，對於一個家庭主婦來說，她可能不需要在職場中練就的 PPT 與 Office 技能；但如果她想將自己的孩子教育好，把家庭打理好，她就需要底層的思考能力，以及中間層的溝通能力、學習能力、談判能力、領導力和表達力等。

所以，如果你能將這些可遷移能力培養起來，尤其是打好思考能力的基礎，那你就等於擁有了那些真正不變的東西，也就擁有了夠多和夠廣泛的職業選擇。相反地，即使你現在身處高位，或是捧著一個所謂的鐵飯碗，如果你的可遷移能力嚴重缺失，那你也得當心了。現在這個世界變化很快，短短一個月就可能滄海桑田，變化往往就在下一秒。

　　當然，也許你會說：不怕，我還有人脈。可惜，所謂的人脈往往脆弱得很。當你離開平臺時，這些人脈可能就會隨之消散；如果你本身擁有很強的可遷移能力，那麼，你就可以在需要的時候重新發展出新的人脈。

　　可遷移能力就是個人成長中最重要的不變。一個人只有不斷提升自己的可遷移能力，尤其是提升底層的可遷移能力——思考力，才能真正做到以不變應萬變。

　　這就是逆向思考的第二課：變化—不變模型。

03 /

加法─減法模型
再極致的人生演算法，都得包含減法策略

　　我時常感到時間不夠用——沒時間寫書、寫文章、運動、見朋友、做家務。與此同時，我還在不停地做著加法：有人在我忙著寫這本書的時候找我講課，我就答應了；還有一段時間，出版社找我寫第二本書，我也答應，然後開始寫提綱了。

　　自己明明很忙，卻還想做更多的事情，這究竟是為什麼？後來我意識到，這與我們一直以來的思維定式及習慣有關。在從小到大的成長環境中，我們一直以來接受的教育，都是要爭取和追求更多的東西，而非更少。所以，每當需要捨棄的時候，我們都會感到非常難受。明明還沒有獲得，但那種

像是失去自己早已擁有的一切的感覺，真是讓人無法接受。

　　然而，事實真是這樣嗎？其實，當我們一直在為人生做加法的時候，我們往往會忽略最關鍵的東西。我們還可能迷失在外部世界中，從而失去與內在自我的深度連接。

　　我們應該怎麼辦？這時，我們可以用加法─減法模型。面對同一個目標，正向思維聚焦於加法，逆向思維則關注減法策略。這個思維模型可以讓我們在看到增加是一種選擇的同時，也關注到減法策略的巨大力量，並用減法策略實現增長與改變。

用減法做目標管理

　　獵豹 CEO 傅盛在《認知三部曲》中寫道：

　　記得有段時間，我非常忙，各種會議滿天飛，效率很低。我當時就想，難道當年賈伯斯會比我更忙嗎？歸根到底還是我的管理方法不對。於是我不停地追問自己，如果現在讓工作時間少一半，我能不能做得更好？當我的腦海裡不斷地浮現這個問題時，我突然意識到──我忙的根源其實就在於自己認為太多事情都很重要。怎麼讓管理變得更有效率？本質是減少真正所謂管理的量，增加判斷的量，增加幫團隊在關

鍵點做決定和梳理目標的量。核心是轉換思維，培養做判斷的能力，而不是勤勉工作的能力。勤勉工作只是基礎。假設一下，如果只花一半時間，我們能不能把事情做得更好？順著這個方向想，我們就需要為很多事情不斷劃分優先順序。

如果用正向思考，我們會怎麼想？我們肯定會這樣想：怎樣才能增加我的時間呀？我是不是可以每天少睡點覺？比如早上 5 點就起床？我每天的健身時間是不是能縮短一點？

但實際情況卻是這樣的：在我們增加了工作時間後，沒過多久，我們就會發現，新增的時間很快又被新的工作填滿。為什麼？這是因為工作是會自我膨脹的。

相反地，傅盛的這種方法卻非常有效。這是因為，當我們開始做減法，而不是做加法的時候，那些真正重要的東西才會浮出水面，我們才能真正看到事物的優先順序。因此，如果順著這種思路繼續下去，我們就會發現，也許我們能夠砍掉 90% 可以做但不應該做的事情。

《成功，從聚焦一件事開始》的作者蓋瑞‧凱勒也用他的親身經歷告訴我們，他是如何藉由做減法獲得事業成功的。

在創業的第一階段，蓋瑞‧凱勒用 10 年時間創辦了一家非常優秀的公司。他做得非常順利，信心滿滿，覺得公司很快就會把業務拓展到全世界。然而，就在此時，公司突然全

面陷入困境，儘管他做了各式各樣的努力與嘗試，可是公司的業務還是一團糟，沒有任何起色。

　　就在他一籌莫展的時候，他的老師出現了。老師問蓋瑞‧凱勒：「你覺得如果要扭轉現狀，需要做些什麼？」蓋瑞‧凱勒困惑地搖了搖頭。老師在牆上寫下了 14 個關鍵職位，說：「你只需要做一件事就能扭轉整個公司的尷尬處境，那就是把我標記出來的 14 個關鍵職位指派給真正能夠勝任的人。只要你選對了這 14 個關鍵職位的人，整個公司就能朝著好的方向發展。」

　　蓋瑞‧凱勒非常驚訝，他不相信困擾他這麼久的問題的解決方案竟會如此簡單——只要找到這 14 個人。於是他問老師，這個解決方案是不是應該再稍微複雜一點，多做幾件事來轉虧為盈會不會比較保險。老師簡短有力地回答說：「不需要。耶穌只需要 12 個門徒，而你只需要 14 個關鍵職位上的人。」

　　就這樣，蓋瑞‧凱勒做出了一個非常重大的決定，他先把自己解僱，從公司 CEO 的位置上退了下來。然後，他開始專心地去找那 14 個關鍵職位的人。結果，不到 3 年的時間，這 14 個人就讓公司實現了持續盈利，而且利潤連續 10 年以 40％的速度增長，從一個地區性的公司迅速成長為一家全國

性的公司。

　　誰知道，這時新的問題又出現了。這 14 個人雖然能完成他們承諾的大部分工作，但有時最重要的工作反而沒能完成，從而導致整體工作陷入困境。於是，蓋瑞・凱勒決定簡化他們的工作，從「本週需要做的幾項工作」到「本週最重要的三項工作」，再到「本週最重要的兩項工作」，但還是不能達到預期效果。最後，他決定試試「只做一件事」這個辦法。他問他們：「你本週最重要的一項工作是什麼？哪一項工作一旦完成，就能讓其他工作變得簡單或者不太重要？」這個辦法是他在絕望中想到的，卻再一次給他帶來了驚喜。結果是，這 14 個關鍵人物的業績直線上升。

　　有了這兩次陷入困境的經歷，蓋瑞・凱勒因此意識到一個非常有趣的現象：每次公司獲得巨大成功的時候，都是他專注於做一件事的時候。於是，蓋瑞・凱勒想到了這樣的問題：每個人每天都有 24 個小時，為什麼有的人成功了，有的人失敗了？那些成功的人為什麼能夠完成更多事，達成更高的目標，賺到更多的錢，擁有更多的東西？如果我們把時間看成一個人事業的原始資本，那麼每個人的原始資本都是每天 24 個小時。

　　成功的人是怎麼分配他們的原始資本，並得到遠遠超過

別人的收益的？蓋瑞‧凱勒認為，答案就是：成功人士的所有行為和精力都緊緊圍繞著他們的目標來進行，他們之所以能夠成功，是因為他們放棄了很多可以做但不是必須做的事情，從而專注於最重要的事情。

事實上，無論是工作還是生活，想要取得最好的效果，就要盡量縮小目標，不斷在目標管理中進行權衡、篩選，不斷思考，直到找到那件最重要的事。

然而，這個方法卻跟大多數人的信念背道而馳。他們認為，想要做成大事，就要馬不停蹄地把計畫安排得很滿，最後帶來的結果就是：日程緊張，壓力巨大，但成功卻離他們越來越遠。

這是因為，不管你的精力多麼充沛，你的睡眠時間多麼短，你也無法改變每天只有 24 個小時的事實，你更無法改變一個人壽命有限的事實。所以，不斷增加工作目標，往往只會帶來一個結果，那就是效率更低。

最重要的事只有一件，但到底是哪一件呢？這時，你需要問自己一個非常關鍵的問題：我能做的最重要的一件事是什麼？為什麼做了這件事，就能讓其他事變得更簡單，或者不必再做？

蓋瑞·凱勒給出了一個非常實用的建議，那就是倒推法。首先考慮長期目標，然後一步步往回想，倒推出現在應該做的最重要的一件事究竟是什麼。現在，我們來想一想：

- 為了實現長期目標，我未來 5 年應該做的最重要的一件事是什麼？
- 為了實現未來 5 年的目標，我今年應該做的最重要的一件事是什麼？
- 為了實現今年的目標，我這個月應該做的最重要的一件事是什麼？
- 為了實現這個月的目標，我這週應該做的最重要的一件事是什麼？
- 為了實現這週的目標，我今天應該做的最重要的一件事是什麼？
- 為了實現今天的目標，我現在應該做的最重要的一件事是什麼？

這就是目標管理的減法策略。

用減法做商業策略

1996 年，賈伯斯重回蘋果公司的時候，蘋果公司帳上的

現金僅夠公司運轉兩個月，正處於危急存亡之秋。

　　蘋果公司擁有非常多的產品線，這些產品早就失去了以往的魅力。在 1995 年的時候，蘋果公司就已經推出了 54 款電腦。在硬體方面，除了電腦，蘋果公司還推出了一些自己並不擅長的產品，比如印表機、顯示器、3D 顯示卡等。最不可思議的是，蘋果公司還涉足了遊戲產品。在 1996 年的時候，蘋果公司和日本萬代公司合作生產了一款多媒體遊戲機，結果慘遭失敗，這款遊戲機在全世界僅賣出了 4.2 萬臺。而在軟體方面，蘋果公司的項目更是種類繁多，數不勝數。

　　這時，賈伯斯開始思考蘋果公司真正要做的產品究竟是什麼。在一次大型的產品策略會議上，賈伯斯大筆一揮，在白板上畫了一橫一豎兩條直線，做出了一個簡單的方形四格表。在行的上方分別寫上「桌上型電腦」和「筆記型電腦」，在列的兩側分別寫上「消費級」和「專業級」。這樣兩兩組合就是四個產品。

　　然後，賈伯斯告訴大家，蘋果公司現在要做的就是這四個偉大的產品。頓時，整個會議室鴉雀無聲，大家都被賈伯斯這個大膽而充滿創意的「四格策略」震撼了。當賈伯斯把這個想法告訴董事會時，董事會現場同樣鴉雀無聲。起初，他們對這個策略計畫並不認同，因為蘋果公司的競爭對手正

在不斷推出越來越多的產品，擠壓蘋果公司的市場空間。如果蘋果公司大幅削減項目，豈非自廢武功？這樣沒有把握的事情在董事會眼裡簡直就是冒險，他們苦口婆心地勸說賈伯斯，希望他能改變主意。但賈伯斯沒有改變主意，他堅信自己的判斷。

於是，凡是與這四個領域無關的業務都遭到了無情的淘汰。不管它們看起來多麼迷人，有多少人強烈反對，賈伯斯都無情地否決了。

事實證明，賈伯斯藉由實施「四格策略」大幅削減不相關的項目的做法是卓有成效的。一方面，賈伯斯藉由裁撤專案，扭轉了公司的財務狀況；另一方面，賈伯斯集中精力開發四種產品，使得蘋果公司的產品線從混亂回歸清晰，蘋果公司的工程師和管理人員都知道了自己的奮鬥方向，研發出了非常優秀的產品。在隨後的幾年，蘋果的工程師和管理人員按照賈伯斯的理念，遵循賈伯斯畫出的「四格策略」，最終推出了極其優異的產品，讓蘋果公司起死回生。

同時，賈伯斯在其他領域也做了減法策略。在組織體系上，他大刀闊斧地改造了供應鏈，將蘋果公司由重資產營運轉向輕資產營運；他關閉了美國的工廠，將製造業務轉移到了海外，降低了管理成本並提高了資金運轉效率；賈伯斯還

　　藉由建立官網，開闢了網路直銷管道，將經銷商刪減至只剩一個全國性經銷商，大幅度降低了庫存風險，增加了公司的現金流。從此，蘋果公司開始崛起。

　　同樣，中國家電巨頭美的集團也經歷過類似的過程。從1993年到2009年，美的集團一直在高速擴張。在這個時期，它採取的是相對獨立的事業部發展模式，各事業部可以決定投入什麼項目以及生產什麼。2010年，美的集團銷售收入突破人民幣1,000億元，但美的進行投資收益盤點後卻發現，在這種四面出擊的機會型市場擴張模式下，美的的淨利潤卻比不上同行只做單一產品的淨利潤。

　　2012年，方洪波出任美的集團董事長，他開始運用減法策略。他要求各事業部對旗下的業務進行重新梳理，做出取捨，藉由設下各種打分維度，比如投資收益率、市場占有率等，對各項業務考核評分並進行排名，剔除因缺乏核心競爭力而長期虧損，以及規模過小、利潤微薄的業務項目和經營品類。精減產品線後，美的集團的產品從2011年時的22,000多個減少到2,000多個，並將以前產能過剩時擴大的廠房和工業園區全部關掉了。

　　這種減法策略的本質就是讓公司聚焦於競爭力最強的產品上，垂直深潛下去，把客戶價值做透。在這個策略實施4

年後，美的集團在 2016 年成功進入世界 500 強。

很多時候，我們都以為只有做加法才能幫助我們完成企業快速增長的目標，其實不然，以聚焦為目的的減法策略，反而更有可能讓我們實現目標。

以上就是商業領域的減法策略。

用減法做生活和人生管理

很多年以來，我們追求的目標都是更多——更多的時間、更多的物質、更多的人脈、更多的衣服、更多的房子、更多的資產……這是因為，在我們的頭腦中，多就代表好，越多就代表越富足、越安全、越幸福。

然而，很有趣的是，隨著我們擁有的物質越來越多，我們發現，擁有更多未必會讓我們感覺更富足、更安全、更幸福；相反地，擁有更多在很多時候意味著選擇過多、注意力耗散、身心俱疲，甚至不滿足和不幸福。

這時，繼續增加已是無益，減法才是我們真正要做的。「斷捨離」就是這樣一種方法。這個方法最初是從日本開始流行的。「斷」的意思是斷絕想買回家但實際並不需要的東西，「捨」是指捨棄家裡那些多餘的物品，而「離」則是指

脫離對物品的執念，擁有游刃有餘的自在空間。

藉由對物品的「斷捨離」，我們能夠將身邊所有「不需要、不適合、不舒服」的東西都替換為「需要、適合、舒服」的東西，從而改變居住環境，改善生活面貌。更重要的是，「斷捨離」的過程能讓我們更深入地了解自己——了解自己的價值觀，了解自己內心的混沌、不安、恐懼或渴望，從而達到從外在到內在的煥然一新。

因此，「斷捨離」的主角不是物品，而是自己。它的核心是：思考物品和自己的關係，「斷捨離」是要我們捫心自問，進而對物品進行取捨和選擇，只留下那些必需的，也確實在用的東西。

在山下英子的著作《斷捨離》中，我們可以看到一些非常真實且有趣的故事。

和惠小姐在收拾廚房的時候，把那些非必需的不銹鋼餐具全部清理掉了，但不知道為什麼，她怎麼都捨不得扔掉那些便利商店飯盒上附贈的塑膠湯匙。不僅是塑膠湯匙，就連早就過時且肯定不會再穿的廉價裙子，她也捨不得扔掉。在進行斷捨離的過程中，她終於意識到，自己似乎很畏懼那些高價、高品質的物品，她反而會覺得用便宜的東西就剛剛好。於是她意識到自己有自我貶低的習慣。

　　洋子小姐是位三十多歲的單身女性，原本就擅長整理，聽了「斷捨離」的講座後她更加幹勁十足，扔了許多不需要的東西，包括不少社科類的書。但是，有一箱裝滿言情小說的書，她始終無法扔掉，書中所寫的內容都是沒有結果的戀情。此時，她突然發現，這些書就是自己過去戀愛經歷的寫照。她總是和那些絕對不會有結果的人談戀愛。在她的潛意識中，似乎棲息著一個拒絕婚姻的自己。於是，她當機立斷，將這一箱子的書扔掉，自己也慢慢試著不再排斥婚姻。

　　非常有趣吧？我們以為「斷捨離」僅僅指向物品，但實際上，它還指向我們的內心。它可以讓我們意識到一些以前從未留意過的習慣和傾向，可以讓我們更加了解自己，從而實現由內而外的改變。

　　除了「斷捨離」，美國也有極簡主義的風潮。

　　貝克爾是一位美國的「高富帥」，拿 6 位數的薪水，掌管 150 家店鋪。他 22 歲就買了豪宅名車，有一個美麗的妻子。他想買什麼就買什麼，毫無克制。但他卻發現，自己的生活並不幸福。有一天，他決定捨棄昂貴的衣服和其他多餘的物品。最後，他家裡 90％ 的物品都被清理掉了，只剩下 288 件生活必需品。重新審視生活後，他看清了自己想要和不想要

什麼，喜歡和不喜歡什麼。小時候，他想當一名作家，卻一直沒時間拿起筆。現在他終於開始行動，兩年後，他真的成了一名暢銷書作家。他說，丟掉生活中不重要的 90% 的物品，剩下的 10% 會讓我們收穫更多，而我也第一次真正感覺到了富有。

為什麼當我們丟棄生活中的很大一部分物品時，反而收穫更多？這是因為，當我們在物品上做減法時，我們更容易看清自己真正想要的究竟是什麼。不論是「斷捨離」還是極簡主義，都是藉由清理物質世界，達到清理內心世界的作用。它們都能讓我們在這個過程中向內覺知，意識到對自己來說最重要的東西，以及自己真正需要的東西，這樣我們就不會迷失在紛繁複雜的物質世界和無窮無盡的欲望中。

對我而言，「斷捨離」也成了我向內覺知的一種方法。在這個過程中，我意識到了一些以前從未發現過的東西。

- 我意識到，我對美好的事物有一種占有欲。但事實上，這個世界上很多美好的事物是無須占有的。相反地，你可以到大自然中去欣賞它們，站在櫥窗邊去欣賞它們，去博物館裡欣賞它們。為什麼一定要將它們據為己有呢？不一定要將它們陳列在自己的桌子上，才算

真的圓滿。

- 我意識到，我以前真的買了太多衣服，其中有很多只穿過一兩次。它們占據了家裡很大的空間，卻沒有產生任何意義。

- 我意識到，當我喜歡一樣東西時，我會非常著迷，想要將這類東西都收集齊全。但這樣做真的好嗎？為了收集這些東西，我需要更大的房子，為了有更大的房子，我就要賺更多的錢。但我真的要將自己的時間、精力投入到這裡面嗎？還是說，其實我有更好的選擇？

在意識到這些以後，我發現，我對自己有了更清醒的認識，我做出了很多改變。我做了一個決定，那就是一年內不買衣服、鞋子和包包。最終，我沒能做到 100％ 不買，但我買得非常少。一整年的時間裡，我都沒有買過鞋子和包包，只買了幾件衣服。

在「斷捨離」的同時，我也意識到了自己的真正熱情所在。在一年的時間裡，我投入在學習、買書和培訓上的費用就達到人民幣十幾萬元。

為生活做減法，並不意味著要減掉人生中所有的一切。

相反地，我們要藉由做減法這個過程，意識到自己的行為方式與思維模式，重新建立與內在自我的深度溝通，重新梳理人生與事業的優先順序，從而達到人生的最佳狀態。這就是可以廣泛運用於生活和人生的加法—減法模型。

04 /

幸福─痛苦模型
一點痛苦，就抵消掉了生活中的所有快樂

　　讀大學時，我就開始思考什麼是幸福，以及如何才能獲得幸福這些問題。這麼多年來，我也看了不少關於幸福的理論和思想，發現大家的思考角度各不相同。但大多數的觀點都是，我們首先要定義什麼是幸福，然後才能知道如何獲得幸福。然而，有一種觀點卻例外，在這些關於幸福的理論與思想中顯得鶴立雞群、獨樹一幟，那就是「只有規避痛苦，才能獲得幸福」。

　　同樣是想獲得幸福，正向思維關注的是如何獲得幸福，逆向思維則聚焦於如何規避痛苦。這個幸福─痛苦模型就是讓我們在想辦法獲取幸福的同時，關注痛苦對人生的影響，

以及如何用規避痛苦的方法來獲得幸福。

哲學家叔本華就持有這種觀點，他說：所有的快樂，其本質都是否定的；而痛苦的本質卻是肯定的。這是因為人們是受意欲驅使的，而意欲的滿足總是否定的。

我們該如何理解這段話？這段話的意思是：假如你的身體健康無恙，但有一個地方受傷或疼痛，你的注意力就會始終集中在那個受傷或疼痛之處。於是，你生活的整體舒適感會因為這一處傷痛而煙消雲散。同樣，儘管各式各樣的事情都在按照你的想法進行和發展，但只要有一件事違背了你的意願——也許只是一件微不足道的小事——這件事情就會占據你的頭腦。然後，你就會一直惦記著這件事，而不會想到其他更重要的、已經如你所願發生了的事。

因此，在叔本華看來，人生的智慧不是追求快樂，而是規避痛苦。由此，關於如何獲得幸福，他也為我們提供了非常中肯的建議，那就是：

- 要節制欲望，從而規避痛苦。你應該把對快樂、財產、地位、榮譽等的期望調至一個節制、適合的尺度。
- 你不該對任何事情、任何處境抱有巨大期待；你也不要熱烈地追求塵世中的一切，不要強烈地抱怨你的計畫落空或事業的功敗垂成。

　　叔本華說，只有這樣，痛苦才能得到最大程度的規避，而對痛苦的規避就意味著人生的幸福。

　　除了叔本華，還有一個非常善於運用逆向思維去思考幸福的人，那就是查理・蒙格。

　　查理・蒙格在哈佛學校畢業典禮上做過一次非常精彩的演講，它的內容出人意料，在這次著名的演講中，他從反面闡述了六種可以獲得痛苦的方法。前三種來自強尼・卡森的一篇演講文章〈怎樣得到痛苦〉，而後三種則來自查理・蒙格對人生的思考。

　　這六種獲得痛苦的方法分別是：1. 攝取化學品來改變心情和感受；2. 嫉妒；3. 怨恨；4. 別做可靠的人，別忠貞不渝地做你所熱愛的事；5. 只從自己的親身經歷來學習，盡量別從其他人失敗的經歷中吸取教訓，不管他們是古人還是今人；6. 在生命的激流中，遭遇到第一個、第二個或第三個重大挫折時，就此沉淪下去，永不振作。

　　在講第一個獲得痛苦的方法時，蒙格舉了自己的一個例子。在年輕的時候，查理・蒙格曾有四個很要好的朋友，他們頭腦靈活、彬彬有禮、幽默風趣，自身條件和家庭背景都很好。但其中的兩個已經永遠地走了，罪魁禍首正是酒精。第三個人雖然還活著，卻也是個酒鬼。所以，酗酒是獲得痛

苦的第一個妙招。

　　第二個獲得痛苦的方法是嫉妒。嫉妒似乎是人之常情，但它的確會讓人變得痛苦。相反地，如果我們能將注意力放在如何讓自己獲得成長、變得更好，我們的人生就會由此開始變得不同。只有超越嫉妒，才能收穫幸福。所以，嫉妒是獲得痛苦的第二個方法。

　　第三個獲得痛苦的方法是怨恨。你怨恨別人，只能說明你對過往無法釋懷。無法釋懷的怨恨不但會占據你的心靈空間，還會讓你無法開始創造新的生活。那些怨恨就像是一根強韌的繩索緊緊地綁著你，讓你難以動彈、看不到身邊的美與未來的好。於是，你原本可以閃亮的生命，就在怨恨中黯淡無光。其實你還是有選擇的，你可以選擇用善良、美和愛去填滿你的心，也可以選擇用怨恨去充滿它。這兩者之間的區別在於，前者會讓你過得更美好，而後者只會讓你過得不快樂。查理・蒙格就領略過怨恨的作用，他說：若你渴望痛苦，我推薦你們試一試。

　　第四個獲得痛苦的方法是別做可靠的人，別忠貞不渝地做你所熱愛的事。如果不遵循這一建議，即使以痛苦開局，也不一定以痛苦結尾。關於這一點，查理・蒙格講過一個故事。在大學時，查理・蒙格有個室友，說話結結巴巴的，但

卻可能是查理‧蒙格所碰到過的最講信用的人。正是因為他的這位室友講信用，非常可靠，所以現在他的這位室友過著令人羨慕的生活，妻子賢慧，兒女可愛，是一家大型企業的老闆，身家幾十億。

第五個獲得痛苦的方法是對於別人的經驗，能不借鑑就不借鑑，能不學習就不學習。有一個人，他孜孜不倦地學習先人的偉大作品，雖然在事業之初並不順利，同時恰逢解析幾何學發展的艱難時刻，然而，最終他的成就舉世矚目。他說：「如果說我看得比別人更遠些，那是因為我站在巨人的肩膀上。」他就是牛頓。牛頓的成功與他「站在巨人的肩膀上」息息相關。相反地，如果他保持的態度是能不借鑑就不借鑑，能不學習就不學習，他不可能取得如此偉大的成就。

第六個獲得痛苦的方法是面對重大挫折一蹶不振。一個人遭遇重大挫折時的應對方式，最能反映出一個人的心理韌性。生命本無常，挫折和痛苦本就是生命的一部分，如果不能理解這一點，一個人就很容易陷入重大挫折所帶來的痛苦之中無法自拔。相反地，一個人如果能用接納之心，甚至是轉化之心，將挫折視為生命的一部分，或是視為生命帶來的禮物，那麼他的心態和想法自然就會改變，一切也會隨之發生變化。褚時健 51 歲時才開始擔任玉溪捲菸廠廠長，然後，

他就將這個快要倒閉的菸廠帶到了全國第一的位置，並成立了雲南紅塔山集團。67 歲時，褚時健被檢舉；71 歲時他被判無期徒刑；74 歲時因糖尿病被保外就醫的他也沒有停下自己的腳步，他與妻子在哀牢山種起了柳丁；85 歲，褚時健成為擁有 35 萬株冰糖橙的億萬富翁，「褚橙」創造了新的傳奇；

如果想擁有幸福的人生，過上自己想過的生活，我們就要思考兩件事：第一，如何避免查理・蒙格列舉的六種痛苦。第二，每年為自己設定一個下一年如何獲得痛苦的指南，然後徹底避開它們。

按照這個思路，我為自己列了一份如何獲得痛苦的指南。

健康

1. 一邊快走，一邊思考或心神不寧，有助於扭傷腳。

2. 任由自己的欲望或情緒左右，吃各種甜品以及油炸食品等高熱量食物，有助於成功長肉，變得越來越胖。

3. 晚上睡前盡量持續思考，保持頭腦興奮，有助於失眠。

4. 別堅持每天的正念練習，想練就練，不想練就不練，有助於頭腦和心緒的混亂。

5. 工作時盡量坐著，千萬不要起來活動身體，因為實在浪費時間。

6. 在忙起來的時候，為了更加有效率，一整天都不要運動，連局部運動都不要做。

7. 任由自己因為懶惰、無知或情緒反應，而做出損害身體或心靈健康的事。

8. 沒睡好的時候，任由自己難過、低落，無須放鬆地跟自己說「沒關係」。

心態

1. 抱持封閉心態，千萬不要用開放的、欣賞的、雙贏的心態看待一切人與事。

2. 在遇到困難和挫折時，不要對未來和自己抱有信心。

3. 遇到挫折就陷入自我懷疑。

4. 沉溺在過去自己沒有做好、沒有做對的事情中，永遠要求自己盡善盡美。

5. 在自我變得很強大的時刻，任憑其作威作福，不去覺知，也不做任何干涉。

6. 要十分在意別人的眼光與評判，不要在意自己的目標與願景。

7. 遇到問題時批評自己、指責自己，不要帶著愛和包容去接納和覺知自己。

工作

1. 在產品還沒真正打磨好的時候就急著推出。

2. 在文章還沒澈底想清楚、還沒打磨到非常滿意（9分）的時候就發送出去。

3. 在書稿沒有思考到澈底清晰、沒有打磨到非常滿意（9分）的時候就將它交給出版社出版。

4. 不要提前思考寫作的內容，提前一週動筆就行。

5. 以極快的速度擴大自己的能力圈。

6. 去接手能夠快速盈利而不是自己真心熱愛的某類工作，因為賺錢很重要。

7. 忘掉自己「捨末逐本」的原則。

8. 不要聚焦於今年最重要的三件事。

9. 因為別人的成功，就忘了自己的節奏和計畫。

10. 如果出現了快速成長、高速擴張的情況，就立即將自己的初心和原則全部拋在腦後。

財務

1. 抱著投機的心態進行投資。

2. 用想當然的心態進行投資。

3. 以高回報率作為投資的唯一標準，不考慮安全性和流

動性。

4. 不做成長方面的投資，那些昂貴的課程千萬不要去上，不划算，不如用同樣的錢買件衣服或包包給自己。

5. 買東西前不要三思，想買就買，哪怕放在家裡連一次都不會用。

6. 凡是喜歡的東西就一定要擁有。

7. 千萬不要斷捨離。

當列出了如何獲得痛苦的指南後，我很快就發現了之前計畫中的不足與漏洞。感謝查理・蒙格教會我的方法，我會將如何獲得痛苦的指南列印出來，貼在家裡，每天看著，常常提醒自己。

看到這裡，你是否也得到了一絲啟發和靈感？如果是，請你趕快行動起來，也擬定一份本年度的如何獲得痛苦的指南，然後常常提醒自己去反其道而行之，過上自己真正想要的生活。

這就是獲得幸福的逆向思考，也是第四個逆向思維模型：幸福—痛苦模型。

05 /

組合─反向模型
踐行逆向策略，才能從紅海市場中脫穎而出

　　創新、創意靠什麼實現？美國廣告大師詹姆斯・韋伯・楊說，創意就是舊元素的新組合。這是正向思維的創新方法，聚焦於「舊元素、新組合」；而逆向思維則關注「反向創新」，它啟發我們思考這件事的反面是什麼，如果朝著相反的方向這個問題能否被解決……這就是組合─反向模型，是一個針對創新與創意的思維模型。

　　組合─反向思維模型主要運用在以下三個領域：發明創造領域、解決一般問題領域，以及商業創新領域。

發明創造領域

　　1820 年，丹麥哥本哈根大學的物理學教授奧斯特藉由多次實驗驗證了電流的磁效應。這一發現傳到歐洲其他國家後，吸引了很多進行電磁學研究的人。

　　英國物理學家法拉第也是其中一位。但法拉第並未止步於此，他想，既然電能產生磁場，那麼磁場也許也能產生電。為了檢驗這個假設，他從 1821 年開始做磁產生電的實驗。雖然失敗了無數次，但他堅信，從反向來思考問題的方法是正確的，並繼續堅持做這個實驗。10 年後，法拉第的實驗終於獲得成功，他把一塊條形磁鐵插入一個纏著導線的空心圓筒裡，結果導線兩端連接的電流計上的指針發生了微弱的偏轉，電流產生了。隨後，他又設計了各式各樣的實驗，如兩個線圈相對運動，磁作用力的變化同樣也能產生電流。1831 年，他提出了著名的電磁感應定律，並根據這一定律發明了世界上第一臺發電裝置。這就是逆向思考在發明創造領域的重大應用。

　　洗衣機脫水缸的轉軸是軟的，用手輕輕一推，脫水缸就東倒西歪。可是脫水缸在高速旋轉時卻非常平穩，脫水效果

很好。當初設計時，為了解決脫水缸的顫動和由此產生的雜訊問題，技術人員想了很多辦法，如加粗轉軸、加硬轉軸等，均無效。最後，他們用軟的轉軸代替了硬的轉軸，成功解決了脫水缸的顫動和雜訊這兩大問題。如果用正向思維，技術人員就該繼續增加轉軸的硬度和粗度，但發現無效之後，技術人員就轉向了更硬更粗的反面。於是，問題就得到了解決。

圓珠筆問世之初，一度因漏油問題使廠商大傷腦筋。正向思考的思路是提高其耐磨性以解決問題，但最終都失敗了。最後，根據圓珠筆寫 20,000 個字就開始漏油這個特點，研發人員進行了逆向思考，不去提高其耐磨性，而是減少其裝油量，將圓珠筆的寫字個數局限在 15,000 左右，終於使問題得以解決。

這就是逆向思考在發明創造中發揮的關鍵作用。當正向思考走不通的時候，我們可以反向試試，也許答案剛好就隱藏在相反的方向中。

解決一般問題領域

當一個小孩不慎掉入比他高很多的水缸中後，眾人皆不

知如何搭救。此時，正向思考的方法是「該如何把這個小孩從那個高大的水缸裡拉出來」，但因為大家都是小孩，都沒有這樣的能力。唯有一人，他的逆向思考啟動了，他想到「如果無法把小孩從水缸裡拉出來，那是否可以讓水缸裡的水離開小孩呢」，順著這個思路，他想到了砸缸的辦法，最後救出了小孩。如果用正向思考，就是「讓小孩離開水缸」；如果用逆向思考，就是「讓水缸裡的水離開小孩」。僅藉由一個反轉，問題就解決了。

有個老人很愛清靜，可附近卻常有小孩玩耍，吵得要命。他知道，如果只跟這些小孩講道理，肯定無濟於事。於是，他就把這些小孩召集過來說：「我這裡很冷清，謝謝你們讓這裡更熱鬧。」說完，他就發了 3 顆糖給每個人。孩子們很開心，依舊天天來玩。幾天後，老人只發 2 顆糖給每個人，再後來，就只發 1 顆糖給每個人。最後，老人乾脆就不發糖給他們了。孩子們很生氣，說：「以後我們再也不來這裡了。」於是，老人終於獲得了清靜。

如果正向思考，老人就該想辦法說服或訓斥這些小孩，讓他們不要在這裡玩；而老人用的是逆向思維，留小孩們在這裡玩，這是一個反轉，有一定的創新，也成功解決了問題。

《三國演義》中有一個十分精彩的故事，在馬謖戰敗失掉街亭後，諸葛亮只能帶著老弱婦孺緩慢撤退，眼看著司馬懿就要帶著騎兵追到了。就在司馬懿兵臨城下之際，如果用正向思維，諸葛亮就只剩下了兩條路，要麼堅守不出（最後只能是俯首投降），要麼去找救兵。但是，如果去找救兵，司馬懿肯定會在救兵來臨之前就攻破此城；如果俯首投降，這個選項諸葛亮肯定也不會選。就在正向思考不能解決問題的時候，諸葛亮用逆向思維想出了「空城計」。既然司馬懿疑心很重，知道「諸葛一生唯謹慎」，那就乾脆將計就計，擺出空城，讓司馬懿不知虛實，最終退兵。既然你的疑心重，認為我是個非常謹慎的人，那我就不謹慎一次給你看。這就是從謹慎到不謹慎的反轉。

可見，當遇到問題時，如果正向思考不成，我們可以考慮逆向思考。逆向思考可能會帶來創新，解決各種疑難問題。

商業創新領域

在商業創新中，我們也能藉由反向思考來做一些嘗試，找到新的商業模式。

真格基金聯合創始人王強講過「將局部整合成整體、把

整體拆解成局部」、「把簡單變複雜、把複雜變簡單」，以及「把現實變虛擬、把虛擬變現實」的思維轉換創業方法。比如，複雜性與產品價格有關，一盒月餅不值錢，但是包裝盒很精緻，就能賣很高的價錢，這就是把簡單的事情變複雜了，價格自然得到了提高。同時，我們也能看到，很多商業模式是藉由將複雜變簡單而實現的。我們還可以試著藉由「把現實變虛擬、把虛擬變現實」來實現商業模式的突破。比如，互聯網虛擬書店是對實體書店的顛覆，這讓實體書店遭受重創，而現在又有很多很有特色的實體書店開始崛起。這些都是在藉由逆向思考的方法實現商業創新。

近幾年，中國市場一直在提倡消費升級，於是原有的互聯網巨頭都在布局消費升級後的精品電商，比如，網易嚴選、盒馬鮮生、天貓小店等。精品電商的布局與拼多多成立和快速發展的時間段高度重合。但拼多多沒有沿著它們的道路前進，相反地，它反其道而行，鎖定的是三線到六線的城鎮鄉村。這樣，拼多多的定位就與阿里、京東形成了巨大的反差，在自己的細分市場猶如進入無人之境，拼多多藉由逆向思考關注降級市場，實現了巨大成功。

可見，當某個商業模式被大家非常認可的時候，若想創新，我們可以換到反面去進行思考。

　　《哈佛最受歡迎的行銷課》裡介紹了一種叫「逆向策略」的思維。很多企業非常容易陷入一種慣性思維，那就是認為想要把企業做好，就得不斷滿足用戶的需求，提供更多的產品或服務給他們。可惜，對手企業也這麼想，結果導致大家越來越同質化，想討用戶喜歡越來越難。那麼，怎樣才能從這種思維方式中跳出來呢？這時，我們可以用逆向策略。所謂逆向策略，就是堅持不提供業內其他公司認為必須提供的服務。在其他品牌說「是」的時候，逆向品牌策略偏要說「不」，而且態度坦然，一點愧疚感都沒有。

　　比如，美國的捷藍航空。一般來說，飛機上的服務基本都包括了免費午餐、飲料，有頭等艙和商務艙，預訂往返機票會有折扣等。但是，捷藍航空把這些服務全取消了。同時，它提供了別人沒有提供的服務，比如真皮座椅、衛星電視、娛樂設備等。捷藍航空的策略就是逆向策略──拿走顧客的一些常規期望，然後提供一些顧客意想不到的東西。這個逆向競爭的策略，讓捷藍航空在競爭中脫穎而出。

　　再比如，美國加州的漢堡連鎖品牌 In-N-Out。一般來說，每家餐廳都希望提供客戶盡可能多的食品選擇。然而，這家漢堡店只提供 6 種食品，而且沒有兒童菜單、沙拉和甜點。

但是，In-N-Out 的每一份食物都是現場製作的，而且都是新鮮食材。針對老客戶，In-N-Out 還有一份祕密菜單，老客戶可以點祕密菜單上的食品。這就是逆向策略，這個策略讓這家漢堡連鎖品牌大獲成功，很多電影明星都成了這家漢堡店的常客。

再比如宜家。我們都知道，傢俱是耐用品，更換頻率很低，所以很多傢俱公司都會強調自己的傢俱很耐用。當你一走進傢俱店，銷售人員就會跟著你，向你介紹各種款式的傢俱，說明它們的優勢，詢問你的想法。當你決定要買後，他們還會提供送貨上門的服務，甚至是免費的送貨上門服務。然而，這家來自瑞典的家居品牌卻不跟風。宜家從不強調自己傢俱的耐用性，更不安排銷售人員鞍前馬後地推薦產品，甚至連送貨上門的服務都不提供，最過分的是，用戶在把傢俱運回家後還得自己親手組裝。但與此同時，宜家會為客戶提供一些與眾不同的服務。在宜家購物，你能在它的餐廳吃上一頓物美價廉的晚餐，甚至是喝上一下午免費續杯的飲料。從宜家購物結束，你還能在門口吃一支非常便宜的霜淇淋，此時你的幸福感會急速增加。從宜家購物回家，自己組裝傢俱的時候，你又會感受到自己動手創造的快樂。這就是宜家

的逆向策略，它讓宜家從傢俱市場的紅海中脫穎而出，大獲成功。

在這個產品和服務都嚴重同質化的時代，逆向策略有可能是企業殺出重圍的一個重要手段。在取消一些服務的同時，增加另一些稀有服務，這樣反而能吸引客戶，從而從同類品牌中脫穎而出。

這就是獲得創意與創新的逆向思考，也是第五個逆向思維模型：組合─反向模型。

本章小結

1. 逆向思維是什麼（What）

它是對司空見慣的、似乎已成定論的事物或觀點反過來思考的一種思維方式。

2. 我們為何需要逆向思維（Why）

逆向思維能讓我們思考得更全面、更透澈，同時更富創造力。

3. 如何進行逆向思考（How）

在這裡，我為大家提供了五組正向—逆向思維模型，分別是：

- 成功—失敗模型
- 變化—不變模型
- 加法—減法模型
- 幸福—痛苦模型
- 組合—反向模型

致謝

感謝我的父母。為了能讓我寫作此書更加順利，他們放棄了悠閒的退休生活，特意從西安來到上海。正是因為他們每天精心地做著後勤工作，我才得以心無旁騖地進行思考和寫作。

感謝我的先生。每當我寫完一部分內容，我的先生都會第一個閱讀並提出建議。他始終是我堅定不移的支持者，一直全心全意地信任著我。

可以說，沒有他們，我不可能走到這裡，更不可能有這本書的誕生。

在這麼多年的人生中，我也得到了很多好友的大力支持，在此我無法一一感謝，只能提及對本書做出直接貢獻的幾位好友：賈詩佳、蘇恆、周博涵、劉東海、魏睦、徐立文、趙瑞華和楊景瑞。謝謝你們提出的所有意見與建議，尤其要感謝周博涵幫我繪製思維導圖。此外，我還要感謝你們給予我的所有鼓勵與支持。

我要感謝天地出版社，感謝這本書的責任編輯和企劃編輯。她們為這本書的問世付出了很多辛勞，我特別希望有一

天她們會以本書為傲。

　　在這裡，我要特別感謝劉潤老師，他是《5分鐘商學院》的作者，也是中國著名的商業顧問。我當年讀研究生時進入微軟實習，就得益於他的推薦。他不僅為我打開了一扇門，還一直深深地影響著我。

　　我要感謝所有寫推薦語的老師和朋友。你們願意推薦此書，就是對我的信任、鼓勵和支持，我都記在了心裡。

　　最後，我還要感謝古今那些充滿智慧、慈悲、富有洞見的偉人，我從他們的書中獲得了很多心靈的養分。

附　錄

推薦書目及課程

〔1〕　《工具論》，亞里斯多德著，劉葉濤等譯，2018 年，上海人民出版社。

〔2〕　《尼各馬可倫理學》，亞里斯多德著，廖申白譯注，2017 年，商務印書館。

〔3〕　《形而上學》，亞里斯多德著，苗力田譯，2003 年，中國人民大學出版社。

〔4〕　《西方哲學史》，羅素著，何兆武，李約瑟譯，2015 年，商務印書館。

〔5〕　《溯因推理：從邏輯探究發現與解釋》（Abductive Reasoning），阿托卡·阿麗色達（Aliseda A.）著，魏屹東、宋祿華譯，2016 年，科學出版社。

〔6〕　《簡單的邏輯學》（Being Logical），D.Q. 麥克倫尼（D.Q. McInerny）著，趙明燕譯，2013 年，浙江人民出版社。
繁體中文版為《邏輯力：邏輯思考的入門書》，久石文化。

〔7〕　《身邊的邏輯學》（Truth, Knowledge, or Just Plain Bull），伯納·派頓（Bernard M. Patten）著，黃煜文譯，2011 年，中信出版社。

繁體中文版為《是邏輯，還是鬼扯？》，商周出版。

〔8〕　《邏輯思維》（Mindware Tools For Smart Thinking），理查·尼斯貝特（Richard E. Nisbett）著，張媚譯，2017 年，中信出版社。

〔9〕　《思維的藝術：如何像哲學家一樣思考》（Selbstdenken! 20 Praktiken der Philosophie），延斯·森特根（Jens Soentgen）著，李健鳴譯，2018 年，譯林出版社。

〔10〕　《形式邏輯》，華東師範大學哲學系邏輯學教研室編，2009 年，華東師範大學出版社。

〔11〕　《學會提問》（Asking the Right Questions），尼爾·布朗（M. Neil Browne）、斯圖爾特·基利（Stuart M. Keeley）著，吳禮敬譯，2012 年，機械工業出版社。
繁體中文版為《看穿假象、理智發聲，從問對問題開始》，商業周刊。

〔12〕　《批判性思維》（Critical Thinking），理查·派克（Richard Parker）、布魯克·諾埃爾·摩爾（Brooke Noel Moore）著，朱素梅譯，2012 年，機械工業出版社。

〔13〕　《我們如何正確思維》（How We Think），約翰·杜威（John Dewey）著，常春藤國際教育聯盟譯，2017 年，現代出版社。
繁體中文版為《我們如何思考》，商周出版。

〔14〕　《系統之美》（Thinking in Systems），德內拉·梅多斯（Donella H. Meadows）著，邱昭良譯，2012 年，浙江人民出版社。
繁體中文版為《系統思考》，經濟新潮社。

〔15〕 《系統思考》（Seeing the Forest for the Trees），鄧尼斯·舍伍德（Dennis Sherwood）著，邱昭良、劉昕譯，2008 年，機械工業出版社。

〔16〕 《金字塔原理》（The Minto Pyramid Principle），芭芭拉·明托（Barbara Minto）著，汪洱、高愉譯，2010 年，南海出版社。

繁體中文版為《金字塔原理》，經濟新潮社。

〔17〕 《怎樣解題：數學思維的新方法》（How To Solve It: A New Aspect of Mathematical Method），G·波利亞（G. Polya）著，塗泓、馮承天譯，2007 年，上海科技教育出版社。

繁體中文版為《怎樣解題》，天下文化。

〔18〕 《什麼是藝術》（The Nature of Art），沃特伯格（Thomas E. Wartenberg）著，李奉棲、張雲、胥全文、吳瑜譯，2011 年，重慶大學出版社。

繁體中文版為《論藝術的本質》，五觀藝術。

〔19〕 《提問的藝術》（Power Questions），安德魯·索貝爾（Andrew Sobel）、傑羅德·帕納斯（Jerold Panas）著，陳豔譯，2013 年，中國人民大學出版社。

繁體中文版為《好問題建立好關係》，天下雜誌。

〔20〕 《世界觀：現代人必須要懂的科學哲學和科學史》（Worldviews: An Introduction to the History and Philosophy of Science），理查·德威特（Richard DeWitt）著，孫天譯，2019 年，機械工業出版社。

繁體中文版為《世界觀：現代年輕人必懂的科學哲學和科

學史》，夏日出版。

〔21〕《愛情心理學》（The New Psychology of Love），羅伯特‧
　　　J‧斯騰伯格（Robert J. Sternberg）、凱琳‧史登伯格（Karin
　　　Sternberg）編著，李朝旭等譯，2010 年，國際圖書出版公司。

〔22〕《新零售》，劉潤著，2018 年，中信出版社。
　　　繁體中文版為《新零售狂潮》，寶鼎出版。

〔23〕《情商》（Emotional Intelligence），丹尼爾‧高曼（Daniel
　　　Goleman）著，楊春曉譯，2018 年，中信出版社。
　　　繁體中文版為《EQ》，時報出版。

〔24〕《從 0 到 1：開啟商業與未來的祕密》（Zero to One: Notes
　　　on Startups, or How to Build the Future），彼得‧蒂爾（Peter
　　　Thiel）、布萊克‧馬斯特斯（Blake Masters）著，高玉芳譯，
　　　2015 年，中信出版社。
　　　繁體中文版為《從 0 到 1：打開世界運作的未知祕密，在意
　　　想不到之處發現價值》，天下雜誌。

〔25〕《窮查理寶典》（Poor Charlie's Almanack），彼得‧考夫曼
　　　（Peter Kaufman）編，李繼宏譯，2016 年，中信出版社。
　　　繁體中文版為《窮查理的普通常識》，商業周刊。

〔26〕《躍遷》，古典著，2017 年，中信出版社。
　　　繁體中文版由平安文化出版。

〔27〕《終身成長》（Mindset），卡蘿‧杜維克（Carol S.
　　　Dweck）著，楚禕楠譯，2017 年，江西人民出版社。
　　　繁體中文版為《心態致勝》，天下文化。

〔28〕《競爭策略》（Competitive Strategy），麥可‧波特（Michael

E. Porter）著，陳麗芳譯，2014 年，中信出版社。

繁體中文版由天下文化出版。

〔29〕　《創新者的窘境》（The Innovator's Dilemma: When New Technologies Cause Great Firms to Fail），克萊頓・克裡斯坦森（Clayton M. Christensen）著，胡建橋譯，2014 年，中信出版社。

繁體中文版為《創新的兩難》，商周出版。

〔30〕　《顛覆式成長》（Disrupt Yourself），惠特尼・詹森（Whitney Johnson）著，張翰文譯，2018 年，中信出版社。

繁體中文版為《破壞者優勢》，商業周刊。

〔31〕　《生命是什麼》（What is Life），埃爾溫・薛定諤（Erwin Schrodinger）著，吉宗祥譯，2016 年，世界圖書出版公司。

〔32〕　《史蒂夫・喬布斯傳》（Steve Jobs），沃爾特・艾薩克森（Walter Isaacson）著，管延圻、魏群等譯，2014 年，中信出版社。

繁體中文版為《賈伯斯傳》，天下文化。

〔33〕　《第三選擇：解決所有難題的關鍵思維》（The 3rd Alternative），史蒂芬・柯維（Stephen R. Covey）著，李莉、石繼志譯，2013 年，中信出版社。

繁體中文版為《第 3 選擇：解決人生所有難題的關鍵思維》，天下文化。

〔34〕　《有限與無限的遊戲》（Finite and Infinite Games），詹姆斯・卡斯（James P. Carse）著，馬小悟、金倩譯，2013 年，電子工業出版社。

〔35〕《理解未來的 7 個原則》（Flash Foresight），丹尼爾·伯勒斯（Daniel Burrus）、約翰·大衛·曼（John David Mann）著，金麗鑫譯，2016 年，江西人民出版社。

〔36〕《最小阻力之路》（The Path of Least Resistance），羅勃·弗利慈（Robert Fritz）著，陳榮彬譯，2015 年，大寫出版。

〔37〕《原則》（Principles），瑞·達利歐（Ray Dalio）著，劉波、綦相譯，2018 年，中信出版社。

繁體中文版為《原則：生活和工作》，商業周刊。

〔38〕《思考，快與慢》（Thinking, Fast and Slow），丹尼爾·康納曼（Daniel Kahneman）著，胡曉姣、李愛民、何夢瑩譯，2012 年，中信出版社。

繁體中文版為《快思慢想》，天下文化。

〔39〕《斷捨離》（新片づけ術「捨離」），山下英子著，吳倩譯，2013 年，廣西科學技術出版社。

繁體中文版為《斷捨離》，平安文化。

〔40〕《大敗局》，吳曉波著，2001 年，浙江人民出版社。

〔41〕《大敗局 II》，吳曉波著，2007 年，浙江人民出版社。

繁體中文版為《大敗局》（上＋下），華品文創。

〔42〕《最重要的事只有一件》（The One Thing），蓋瑞·凱勒（Gary Keller）、傑伊·帕帕森（Jay Papasan）著，張寶文譯，2015 年，中信出版社。

繁體中文版為《成功，從聚焦一件事開始》，天下雜誌。

〔43〕《增長五線》，王賽著，2019 年，中信出版社。

繁體中文版為《增長的策略地圖》，大寫出版。

〔44〕　《極簡主義：活出生命真意》（Minimalism），約書亞・菲爾茨・米爾本（Joshua Fields Millburn）、裡安・尼科迪默斯（Ryan Nicodemus）著，李紫譯，2017 年，湖南文藝出版社。繁體中文版為《心簡單》，如果出版社。

〔45〕　《哈佛商學院最受歡迎的營銷課》（Different: Escaping the Competitive Herd），揚米・穆恩（Youngme Moon）著，王旭譯，2018 年，中信出版社。

〔46〕　《人生的智慧》（The Wisdom of Life），叔本華（Arthur Schopenhauer）著，韋啟昌譯，2008 年，上海人民出版社。繁體中文版由新雨出版。

〔47〕　《思考的技術》（考える技術），大前研一著，劉錦秀、謝育容譯，2015 年，中信出版社。繁體中文版由商周出版。

〔48〕　《福爾摩斯全集》，柯南・道爾著，吳朝華譯，2017 年，山東友誼出版社。

〔49〕　《泛若不系之舟》，傅真著，2014 年，中信出版社。

〔50〕　《三體》，劉慈欣著，2008 年，重慶出版社。繁體中文版由貓頭鷹出版。

〔51〕　《產品思維 30 講》，梁寧，「得到」課程。

〔52〕　《商業經典案例課》，張瀟雨，「得到」課程。

〔53〕　《模式創新：商業本質的嬗變》，王強，「混沌大學」課程。

〔54〕　《物理學思維》，李鐵夫，「混沌大學」課程。

高寶書版集團
gobooks.com.tw

RI 344
直擊本質的思考力：
菁英如何突破盲點、抓住問題根源、做出精準決策，解決所有難題

作 者	艾菲
責任編輯	林子鈺
封面設計	林政嘉
內頁排版	賴姵均
企 劃	何嘉雯

發 行 人	朱凱蕾
出 版	英屬維京群島商高寶國際有限公司台灣分公司
	Global Group Holdings, Ltd.
地 址	台北市內湖區洲子街 88 號 3 樓
網 址	gobooks.com.tw
電 話	（02）27992788
電 郵	readers@gobooks.com.tw（讀者服務部）
	pr@gobooks.com.tw（公關諮詢部）
傳 真	出版部 （02）27990909 行銷部 （02）27993088
郵政劃撥	19394552
戶 名	英屬維京群島商高寶國際有限公司台灣分公司
發 行	英屬維京群島商高寶國際有限公司台灣分公司
初版日期	2020 年 8 月

原簡體中文版：直擊本質
本著作中文繁體字版經四川天地出版社有限公司授予高寶書版集團獨家出版發行，非經書面同意，
不得以任何形式，任意重製轉載。天地出版社對繁體中文版因修改、刪節或增加原簡體中文版內
容所導致的任何錯誤或損失不承擔任何責任。

國家圖書館出版品預行編目（CIP）資料

直擊本質的思考力：菁英如何突破盲點、抓住問題根
源、做出精準決策，解決所有難題 / 艾菲著 . -- 初版 .
-- 臺北市：高寶國際出版；高寶國際發行，2020.08
　　面；　公分 .--（致富館；RI 344）

ISBN 978-986-361-893-5（平裝）

1. 思考　2. 成功法

176.4　　　　　　　　　　　　　　109010615

凡本著作任何圖片、文字及其他內容，
未經本公司同意授權者，
均不得擅自重製、仿製或以其他方法加以侵害，
如一經查獲，必定追究到底，絕不寬貸。
版權所有　翻印必究